Die sieben Geheimnisse von Traumpaaren ohne Trauma

Anka Krätzig

AF281505

NEWSLETTER

Liebe Leserin, wenn du regelmäßig exklusive Inhalte und Impulse von mir erhalten möchtest sowie als Erstes über neue Kurse informiert werden möchtest, dann abonniere gern meinen Newsletter:
www.ankakraetzig.de/newsletter

Die sieben Geheimnisse von Traumpaaren ohne Trauma

Befreie deine Weiblichkeit und genieße die Magie der Polarität in deiner Beziehung

Anka Krätzig

Impressum

Bibliografische Information der Deutschen Nationalbibliothek: Die Deutsche Nationalbibliothek verzeichnet diese Publikation in der Deutschen Nationalbibliografie; detaillierte bibliografische Daten sind im Internet über dnb.dnb.de abrufbar.

Die automatisierte Analyse des Werkes, um daraus Informationen insbesondere über Muster, Trends und Korrelationen gemäß §44b UrhG („Text und Data Mining") zu gewinnen, ist untersagt.

Die Inhalte dieses Buches wurden mit größter Sorgfalt erstellt. Für die Richtigkeit, Vollständigkeit und Aktualität der Inhalte kann jedoch keine Gewähr übernommen werden. Die Autorin übernimmt keine Haftung für etwaige Schäden, die direkt oder indirekt durch die Nutzung der Inhalte dieses Buches entstehen.

© 2024 Anka Krätzig

Verlag: BoD · Books on Demand GmbH, In de Tarpen 42, 22848 Norderstedt, Druck: Libri Plureos GmbH, Friedensallee 273, 22763 Hamburg

Kontakt: E-Mail: nachricht@ankakraetzig.de, www.ankakraetzig.de

Buchsatz: Anka Krätzig
Lektorat: Buchfein
Cover: Anka Krätzig und Ivy Nicko

ISBN: 978-3-7693-0663-7

Inhaltsverzeichnis

Die Pforten zur Welt des Wilden Selbst sind rar, aber von hohem Wert. Wenn du eine tiefe Narbe zurückbehalten hast, dann ist das eine Tür. Wenn du eine uralte Geschichte kennst, dann ist das eine Tür. Wenn du den Himmel und den Ozean so sehr liebst, dass es dir das Herz auseinandersprengt, dann ist das eine Tür. Wenn du dich nach einem tiefen Leben, einem vor Fülle berstenden Leben sehnst, ist das eine Tür.

– Clasrissa P. Estés, Die Wolfsfrau. Die Kraft der weiblichen Urinstinkte

Vorwort

Liebe Frau,

herzlich willkommen zu den sieben Geheimnissen von Traumpaaren ohne Trauma! Ich bin davon überzeugt, dass sowohl der größte Schmerz als auch das größte Vergnügen in unserem Leben aus unseren intimen Beziehungen resultieren. Sich den Themen in der eigenen Beziehung/ Ehe zu stellen bedeutet, sich des Pudels Kern zu nähern und zum eigenen Seelengrund vorzudringen.

Wenn Mann und Frau auf allen Ebenen ihrer Beziehung geheilt zusammenfinden, entsteht ein Raum für unendliche Möglichkeiten und grenzenloses Wachstum. In der Verbundenheit überwinden wir unsere individuellen Begrenzungen und wachsen gemeinsam über uns hinaus. Hier wird aus eins plus eins etwas Drittes, Göttliches.

Der Weg dorthin führt durch unsere menschlichen Schichten: durch unsere Ängste, unsere tief verborgenen Schmerzen, unsere Scham und unsere inneren Schutzmechanismen. Deshalb wagen sich nicht viele Menschen in diese Gebiete vor und geben sich Zeit ihres Lebens mit weniger zufrieden. Und doch bleibt diese Sehnsucht nach bedingungsloser Liebe, Ekstase, emotionale Freiheit, tiefer Erfüllung und Verschmelzung. Wo kommt diese Sehnsucht her? Warum ‚kennen' wir diese Gefühle? Ich denke, es ist der Ruf unserer wilden Seele, die sich an den Zustand vor und nach dem irdischen Leben erinnert und sich dorthin zurückträumt. Was wäre, wenn du diese göttliche und bedingungslose Liebe und Verbundenheit in dein Leben holen könntest? Wenn es in deiner Macht läge, sie selbst zu kreieren? Als echtes Gefühl – und nicht ersatzweise durch Social Media, Essen, deine Kinder oder Liebesromane etc.?

Ich feiere und ehre dich für deinen Mut, hinzuschauen und dich auf den Weg zu machen in die Tiefen deiner Seele, um deiner Sehnsucht zu folgen. Alles im Leben ist weniger bedeutsam, wenn du es nicht mit einem Partner teilen kannst. Eine erfüllende Liebesbeziehung revolutioniert alle anderen Bereiche deines Lebens – und holt den Himmel auf die Erde.

Was mich an den sieben Geheimnissen, die ich in diesem Buch vermittle, ganz besonders begeistert, ist, dass du nicht auf deinen Partner zu warten brauchst, um diese außergewöhnliche Liebe erfahren zu können. Du musst nicht einmal an eurer Beziehung arbeiten. Alles, was es braucht, ist, dass du den Weg zu dir und in deine Weiblichkeit findest. In diesem Buch zeige ich dir einen Weg, wie du deine Ängste überwinden, überholte Vorstellungen loslassen, neue Gewohnheiten anlegen und neue Fähigkeiten erlernen kannst.

Sieh dieses Buch als ein Experiment und eine Forschungshypothese: Wie können wir unsere tiefste Sehnsucht, diese Erinnerung unserer Seele, konkret in unser Leben zurückholen? Es bildet den aktuellen Stand meines Wissens, meiner Erkenntnisse und Erfahrungen ab – doch nichts ist in Stein gemeißelt. Wir sind ständig sich weiterentwickelnde Bewusstseinsströme. Dieses Buch ist eine Tür, und ich lade dich ein, hindurchzugehen und deine eigenen Erfahrungen zu machen.

Danke, dass du dieses Buch in Händen hältst. Danke, dass du Teil unserer Community von Frauen bist, die nicht mehr warten, sondern ihr Glück selbst in die Hand nehmen. Danke, dass du mit uns verbunden bist in dem gemeinsamen Bestreben nach Bewusstseinsentwicklung und bedingungsloser Liebe auf der Erde.

Du musst diesen Weg nicht allein gehen. Gerne begleite ich dich persönlich über sechs oder zwölf Monate dabei, bei dir selbst anzukommen, die häufig fehlenden Fähigkeiten zu erlernen und innere Blockaden zu überwinden, damit du die Geheimnisse von Traumpaaren ohne Trauma schnell und nachhaltig in dein Leben integrieren kannst. Details zu meinen Angeboten findest du am Ende des Buches.

Nun wünsche ich dir erst einmal einen tiefen und erhebenden Prozess mit diesem Buch!

Herzlich

Anka Krätzig

Neue Wege

Für wen sind die Geheimnisse von Traumpaaren?

Dieses Buch richtet sich an Frauen in einer Beziehung oder in einer Ehe mit einem Mann. Das bedeutet, es ist für die Mehrheit an Frauen, die hauptsächlich weibliche Energie haben (könnten) und mit Männern, die hauptsächlich männliche Energie haben (könnten), zusammen sind. Ich schreibe „könnten", denn viele Frauen sind sehr in ihrer männlichen Energie: Sie müssen stark sein, die Familie zusammenhalten, indem sie alles im Kopf haben und organisieren, sie treffen die Entscheidungen und haben eine Vision für ihre Familie und die Beziehung. Kurz: Sie „stehen ihren Mann".

Gleichzeitig gibt es viele Männer, die nicht mehr wissen, was „männlich" eigentlich bedeutet, und die in einer sehr weiblichen Energie sind. Sie sind „nett", passiv, emotional instabil und überlassen der Frau die Führung und Verantwortung in vielen Familienangelegenheiten. Viele Frauen sind aufgrund dieser unbewussten und verdrehten Polarität unglücklich und durch das Zuviel an männlicher Energie, das sie täglich aufwenden müssen, sehr erschöpft. Dieses Buch ist für Frauen, die sich nach Entspannung und mehr Erfüllung, Liebe und Ekstase in ihrer Beziehung sehnen und die die anfängliche Anziehung und Magie wieder in ihre Beziehung einladen wollen. Es ist für Frauen, die die volle Verantwortung für ihre Gefühle und ihr Verhalten in ihrer Beziehung übernehmen wollen. Es ist für Frauen, die nicht mehr warten, sondern ihre weibliche Macht entdecken und ihre Ehe „intimisieren" und beleben wollen. Es ist für mutige Frauen, die bereit sind, Tabus aufzubrechen und die hermetischen Gesetze[1] in ihre Beziehung einzubeziehen. Es ist für Frauen, die ihre Entwicklungs- und Bindungstraumata[2] transformieren

---

1„Die geistigen Gesetze: erkennen, verstehen, integrieren", Kurt Tepperwein

2 Entwicklungstraumata sind keine Schocktraumata, die durch einmalige, überwältigende Ereignisse ausgelöst werden, sondern das Ergebnis von Dingen, die nicht passiert sind – also unerfüllten Bedürfnissen und Erfahrungen, die in der Kindheit hätten stattfinden sollen, aber ausgeblieben sind. Sie entstehen, wenn Kinder keine sichere Bindung, emotionale Resonanz oder Stabilität erfahren und dadurch unter anhaltendem Stress stehen. Dieser langanhaltende, chronische Stress prägt das Nervensystem und beeinträchtigt die emotionale und psychische Entwicklung des Kindes. Aus diesem Grund werden

und ihre Beziehung zu einem Heilungsbiotop machen wollen.

Tabubruch: Die vergessene Weiblichkeit entfesseln

Der Kampf der Geschlechter tobt seit Jahrtausenden. Obwohl der Feminismus wichtige rechtliche Gleichheit erwirken konnte, leben wir weiterhin in einer Männerwelt.[3] Weibliche Qualitäten wie emotionale Intelligenz, das Leben im Hier und Jetzt und Entspannung werden als weniger wertvoll angesehen.

Die Balance zwischen männlichen und weiblichen Prinzipien in der Welt, die durch das chinesische Philosophie- und Kulturprinzip von Yin und Yang beschrieben wird, ist aus dem Gleichgewicht. Die Auswirkungen dieses Ungleichgewichts zeigen sich überall in unserer überwiegend von Männern ohne emotionale Intelligenz geprägten Gesellschaft: Wettkampf, Empathielosigkeit

---

Entwicklungstraumata auch als „komplexe posttraumatische Belastungsstörung" (C-PTBS) bezeichnet.
Traumaforscher wie Dr. Peter A. Levine beschreiben Entwicklungstraumata als die „Mutter aller psychischen Störungen", da sie die Grundlage für viele emotionale und psychische Probleme im Erwachsenenalter bilden. Sie prägen insbesondere unsere Fähigkeit, gesunde Beziehungen zu führen, mit Stress umzugehen und unsere Emotionen zu regulieren.
3 https://www.bpb.de/themen/gender-diversitaet/frauenbewegung/

und Geschwindigkeit nehmen immer weiter zu. Im Gegenzug schwinden Soziales, Muße, Ästhetik und Menschlichkeit immer stärker. Frauen spüren schmerzlich ihre fehlende Identität, innere Leere, Erschöpfung und Sehnsucht nach etwas Unbekanntem. Gesellschaftlich geprägte, politisch-wirtschaftlich beeinflusste Vorstellungen und Erwartungen an Männer und Frauen erzeugen mehr und mehr eine Entfremdung von uns selbst und voneinander.

Wir leben in einer traumatisierten und gespaltenen Gesellschaft.[4] Entwicklungs- und Bindungstraumata stecken in den Wurzeln unseres Seins und verhindern wirkliche Nähe und Verbundenheit. Niemand zeigt uns, wie wir tatsächlich glücklich werden, was natürliches Frau- sein bedeutet und wie wir erfüllende, auf allen Ebenen intime und prickelnde Ehen und Liebesbeziehungen führen können. In den „kleinsten Keimzellen der Gesellschaft", der Familie, werden Mauern um Herzen gebaut und Kriege geführt. Der materialistisch geprägte Blick vieler Menschen sowie die große Kopflastigkeit verhindern oft die Wahrnehmung für die tieferen Wahrheiten der Seele, die Instinkte und die Kraft des Herzens. Aber erst auf dieser energetischen Ebene können wir wahre Verbundenheit, Freiheit und Leidenschaft in unserer Beziehung finden.

---

4 https://www.franz-ruppert.de/de/veroeffentlichungen/buecher /168-wer-bin-ich-in-einer-traumatisierten-gesellschaft-2018

Dieses Buch ist nicht politisch korrekt, sondern schaut hinter die Masken und Rollenbilder. Es lädt dich ein auf die energetisch-instinktive Ebene, in dein Herz und in deine individuelle und natürliche Essenz als Frau. Die Emanzipationsbewegung der Frau war wichtig und richtig, aber sie hat die Waagschale

Man könnte sagen, dass die Wilde Frau die prototypische Urfrau schlechthin ist ... unveränderbar, auch wenn die Zeiten, die Politik, die Kulturen sich ändern, sie bleibt immer gleich. Sie ist der nährende Untergrundquell in allen Frauen.

– Clarissa P. Estés, Die Wolfs Frau. Die Kraft der weiblichen Urinstinkte

ins entgegengesetzte Extrem gekippt. Frauen haben versucht, wie Männer zu werden und Männer zu Frauen zu machen. In vielen Fällen ist es diese verdrehte Polarität, die viele Paare heute unglücklich nebeneinanderher leben lässt oder gar zu Trennungen führt. Auch die aktuell politisch angesagte Gleichmacherei hilft uns nicht bei der Entfaltung unserer wirklichen Kraft und Macht als Mann oder Frau. Sie schwächt das menschlich-göttliche Potenzial, das in einer polaren Beziehung liegt, und hält uns gefangen in immer gleichen unbewussten alten Mustern, die auf Bindungstrauma beruhen.

Unsere Kinder brauchen nicht nur Vorbilder für echte, erfüllte Beziehungen – sie brauchen uns in unserer ganzen Kraft und Fülle, in unserer authentischen Essenz, frei von sozialen Konditionierungen und ungesunden Erziehungsmustern. Ja, die ganze Welt braucht Frieden und Fülle im Herzen sowie die Fähigkeit, zurückzufinden zu Einheit und Verbundenheit. Es geht hier nicht darum, veraltete Geschlechterrollen wieder aufleben zu lassen. Es geht darum, die energetische und instinktive Realität des männlichen und weiblichen Prinzips zu erkennen und in die Beziehung oder Ehe zu integrieren. Es geht darum, die wirklichen Bedürfnisse des anderen zu kennen und zu erfüllen. Es geht darum, selbstlos lieben zu lernen. Es geht um tiefe Heilung und das Gefühl, „nach Hause" zu kommen.

Mit diesem Buch breche ich ein Tabu. Ich verlasse die Welt der politischen Korrektheit und wende mich den oft schamhaft versteckten natürlichen Seelenbedürfnissen vieler Frauen (und Männer) zu. Diese sind auf einer tieferen energetischen und instinktiven Ebene wahrnehmbar, wenn wir unsere Aufmerksamkeit darauf lenken und vollkommen ehrlich zu uns selbst sind. Dazu müssen wir die gesellschaftlichen Bewertungen darüber, wie eine Frau oder ein Mann zu sein hat, loslassen und uns auf die Qualitäten von Yin und Yang in uns selbst und in unserer Beziehung besinnen. Wir müssen uns befreien aus der Neutralität und zurückfinden in die Pole, in die Anziehung und die einende Kraft, die aus der Polarität entsteht. Um das zu erreichen, ist es notwendig, viele Schichten an Erziehung und Sozialisation in uns aufzulösen. Erst durch die Rückverbindung mit uns selbst und unserem Partner entstehen Heilung und Frieden in uns, unseren Familien und in der Welt. Durch das Hinabsteigen aus dem Kopf in unser Herz und unseren

Körper finden wir unsere Wahrheit, unsere Seele und schließlich Erfüllung.

Mit diesem Buch hältst du einen Leitfaden in der Hand, der dir zeigt, wie du all die überholten Schichten, die Erziehung und Sozialisation in dir geformt haben, aus deiner Beziehung und deiner Familie entfernen kannst und wie du dich in deine natürliche und magische Weiblichkeit und Essenz fallen lassen kannst. Es soll dir dabei helfen, negative Erlebnisse in deiner Beziehung durch einen positiven Fokus zu ersetzen und neue Möglichkeiten und Strategien in deiner Kommunikation und deiner inneren Haltung zu erkennen. Dieses Buch beruht sowohl auf der fernöstlichen Weisheit über unsere männlichen und weiblichen Energien, bezieht sich auf Erkenntnisse von Menschen wie David Deida, Alison A. Armstrong, Lora Doyle, Tony Robbins und andere, die seit Jahrzehnten die energetisch-instinktive Ebene in Beziehungen erforschen. Weitere Einflüsse kamen von Traumaforschern und Therapeuten wie Peter A. Levine und Dami Charf. Nicht zuletzt basiert das Buch auf meinen eigenen Erfahrungen, sowohl solchen persönlicher Art als auch auf jenen mit meinen Klientinnen.

Ich möchte dich einladen, zurückzufinden zu deiner wahren Natur als Frau, um die Kraft deiner Weiblichkeit und die Weisheit deines Körpers, deiner Seele und deines Herzens zu entfesseln. Entdecke die magnetische Anziehung und die sich ergänzende Gegensätzlichkeit der

Pole. Finde durch die Polarität zur innigen und heilsamen Verbundenheit mit dir selbst und deinem Partner. Versuche nicht länger, wie ein Mann zu sein, sondern lerne, eine Frau, eine Königin zu werden. Lerne, deine Weiblichkeit zu genießen und zu leben und in deinem Mann einen männlichen Pol zu finden, der dir dies immer besser ermöglichen kann. Damit das gelingt, ist es notwendig, deine hinderlichen Glaubenssätze abzulegen, die Verhärtung um dein Herz aufzulösen und ein neues Miteinander zu leben. Es ist Zeit für innere Arbeit.

Du bist das Herz eurer Beziehung

Es war ein krasser Moment, als ich realisierte, dass ich es in der Hand habe, wie emotional verbunden und intim unsere Beziehung ist; dass allein meine innere Ausrichtung und mein Verhalten den entscheidenden Unterschied für unsere Beziehung ausmachen können. Es war sowohl ernüchternd als auch ermächtigend zu realisieren, dass mein Partner ein Spiegel meines Verhaltens ist. Er war nicht humorvoll genug? Wie humorvoll und verspielt war ich denn selbst? Er war mir nicht zugewandt, nicht präsent genug, ich fühlte mich nicht gesehen? Wie verletzlich und ehrlich zeigte ich mich denn, damit er mich sehen konnte?

Wie magisch war es, als ich begann, die Geheimnisse von Traumpaaren ohne Trauma wirklich umzusetzen! Das Gefühl ist unbeschreiblich, du kannst es nur selbst erleben. Seitdem hat sich eine völlig neue Dynamik zwischen uns als Paar entwickelt, die so erfüllend ist, dass ich sie hier mit dir teilen möchte, wenn auch du dich nach mehr Erfüllung, Ekstase, Liebe und Zuwendung in deiner Beziehung sehnst. Beziehungen und Ehen bergen das Potenzial für wirkliche Heilung und Transformation unserer Entwicklungs- und Bindungstraumata. Sie ermöglichen eine tiefgreifende Persönlichkeitsentwicklung. Gleichzeitig bergen sie für viele Menschen eine große Herausforderung, denn unser Partner ist unserem Herzen so nahe, wie es früher unsere Eltern waren.

Die historischen, gesellschaftlichen und wissenschaftlichen Entwicklungen zeigen, dass viele unserer Eltern weder die notwendigen Informationen noch die emotionalen Ressourcen hatten, um wirklich achtsam und bedürfnisorientiert zu erziehen. Erst in den letzten Jahrzehnten haben sich Erziehungsvorstellungen stark verändert, und moderne Erkenntnisse über die kindliche Entwicklung und Bindung sind in den Mainstream vorgedrungen.[5] Daher mussten viele von uns ihr Herz vor ihren Eltern oder Bezugspersonen verschließen, um es zu schützen. Es nun wieder für unseren Partner zu öff-

---

5 „Auch alte Wunden können heilen: Wie wir seelische Verletzungen aus der Kindheit überwinden", Dami Charf

nen, erfordert daher viel Mut und bestimmte Fähigkeiten wie Selbstregulation und Impulskontrolle, die wir als Kinder häufig nicht entwickeln konnten. Eine auf allen Ebenen intime Beziehung gelingt jedoch nur, wenn wir den Mut aufbringen können, unser Herz wieder zu öffnen, unsere Scham und inneren Widerstände zu überwinden und uns verwundbar zu machen für den Menschen, der unserem Herzen heute am nächsten steht und es am stärksten verletzen könnte: unseren Partner.

Als weibliche, emotional intelligente und kreative Frau kannst du das Herz eurer Beziehung sein. Wie offen, verletzlich und transparent du sein kannst, bestimmt maßgeblich darüber, wie nah ihr euch seid. Ich hoffe, mit diesem Buch dazu beitragen zu können, dass du immer offener werden kannst und dass dein Mann dein Herz immer besser beschützen kann. Männer haben oft Angst vor Gefühlen. Wenn du dich langsam und achtsam in die Herzöffnung hineinbewegst und so eine Einladung für deinen Mann wirst, kannst du ihm vielleicht dabei helfen, seine Angst vor Gefühlen zu überwinden. Der Weg der Heilung eines Mannes geht über die weiblichen Energien, vor allem über die Gefühle. Der Heilungsweg der Frau geht über die männlichen Energien, vor allem die Bewusstheit. Dazu gleich mehr.

Ich möchte, dass du eines verinnerlichst: Falls du glaubst, du seist machtlos, sieh dir deine Beziehung an – du hast sie kreiert. Bisher hast du wahrscheinlich eher unbewusst darauf eingewirkt, weswegen du nun Hilfe suchst und dieses Buch in der Hand hältst. Aber kreiert hast du sie. Dein Verhalten ist Teil der Dynamik zwischen euch. Das heißt, änderst du dein Verhalten, deine innere Haltung und deine Kommunikation, kannst du auch eure Beziehung neu kreieren, ohne auf deinen Mann warten oder ihn verändern zu müssen. Du kannst den Anfang machen und eine Einladung zur gemeinsamen Weiterentwicklung werden.

Wenn ich von weiblicher Macht spreche, meine ich den unmittelbaren und häufig verkannten Einfluss, den du auf deinen Mann und eure Beziehung hast. Dein Zustand entscheidet maßgeblich über die Kraft oder den Stress sowie die Stärke oder Schwäche deines Mannes. Lies den letzten Satz ruhig noch einmal. Du hast mehr Einfluss, als dir wahrscheinlich bewusst ist. Probiere es direkt aus: Lob deinen Mann mit ehrlicher Dankbarkeit im Herzen für etwas und beobachte, was passiert. Du wirst die Magie sofort spüren können.

Die geheime Macht im Hintergrund

Gefühle sind ansteckend. Sie springen über wie ein Buschfeuer. Bist du genervt und unglücklich, dann ist das Nervensystem deines Mannes gestresst, denn es liegt in seiner energetischen Natur, dich glücklich machen zu wollen. Bist du unglücklich, fühlt er sich dafür verantwortlich und gestresst. Dabei ist es völlig egal, ob er etwas mit deiner schlechten Laune zu tun hat oder nicht. Menschen mit einem gestressten Nervensystem verfallen irgendwann in den Kampf- oder Fluchtmodus und verlieren dabei jegliches Empathievermögen. Für sein Nervensystem stellst du in dem Moment unbewusst eine Gefahr dar. Dagegen kann er kognitiv gar nichts tun – außer selbst mit innerer Arbeit zu beginnen.

Das Nervensystem kann nicht zwischen realen und eingebildeten Gefahren unterscheiden. Das bedeutet, wenn dein Verhalten deinen Mann wiederholt stresst und sein nervliches Toleranzfenster eng und unflexibel ist (wie bei den meisten Menschen), dann wird es in die Übererregung und damit in den Überlebensmodus wechseln – und in diesem Modus reagieren Menschen entweder mit sozialem Rückzug oder Aggression sowie eingeschränkten kognitiven Fähigkeiten. Die Kraft des Unterbewusstseins ist um vieles stärker als der Verstand. Unser Kopf beeinflusst unser Verhalten nur zu etwa fünf Prozent. Die restlichen 95 Prozent werden von unserem Unterbewusstsein und unserem Nervensystem gesteuert.

Das autonome Nervensystem wird bereits in der Kindheit geprägt und ausgebildet. Bestimmte Trigger können daher auch im Erwachsenenalter unbewusst die gleichen Überlebensstrategien aktivieren, die das Kind einst entwickelt hat, um mit stressigen oder überwältigenden Situationen umzugehen. Diese stressbasierten frühkindlichen Prägungen werden in der Fachsprache als komplexe posttraumatische Belastungsstörung (C-PTBS) oder als Entwicklungs- und Bindungstraumata bezeichnet. Dabei handelt es sich nicht um klassische Schocktraumata, sondern um die Folge von anhaltendem emotionalen Stress und unerfüllten Bedürfnissen in der Kindheit. Solche Entwicklungstraumata sind maßgebliche Faktoren für viele psychische Herausforderungen und die tiefen Wurzeln der meisten Probleme, die Menschen im Laufe ihres Lebens erfahren. Besonders unsere Schwierigkeiten in Beziehungen lassen sich oft auf diese Entwicklungs- und Bindungstraumata zurückführen.

Mit den Geheimnissen von Traumpaaren ohne Trauma kannst du bewusst heilsamen Einfluss auf das Nervensystem deines Mannes nehmen. Du kannst unmittelbar zu seiner Entspannung beitragen und den Raum dafür öffnen, dass eure natürlichen Energien zum Vorschein kommen können und Frieden statt Kampf eure Beziehung prägt. Mit den Geheimnissen kannst du die Verbundenheit und die Magie (zurück) in deine Beziehung, in deine Familie und somit in die Welt holen. Du hast es in der Hand. Deine Weiblichkeit zu verkörpern, ist deine Medizin. Sie ist die Macht, mit der du deine Beziehung, deine Familie und die Welt heilen kannst. Das klingt pathetisch, ich weiß, aber es ist mein voller Ernst.

Schau dir die Welt an! Wohin hat all die männliche Energie sie gebracht? Es ist höchste Zeit, weibliche Qualitäten selbstbewusst und kunstvoll in die Welt zu bringen, um einen Gegenpol in der von ungeheilten männlichen Eigenschaften geprägten Welt zu bilden und die Balance wiederherzustellen. Darum möchte ich dich als Erstes dazu einladen, alles zu vergessen, was du über Beziehungen zu wissen glaubst. Versuche, deine Wahrnehmung für die energetische und instinktive Ebene und die polare Dynamik von Beziehungen zwischen Mann und Frau, zwischen dem Weiblichen und dem Männlichen, zu öffnen. Probiere aus, experimentiere und erlebe, wie einfach und erfüllend das Leben sein kann, wenn du dich zumindest in deiner Beziehung bewusst in deinen weiblichen Pol fallen lässt.

Bindungstraumata und Bindungstypen

Ein Bindungstrauma entsteht, wenn die Bindung zu einer primären Bezugsperson in der frühen Kindheit gestört ist. Dies kann durch Vernachlässigung, emotionalen Missbrauch oder inkonsistente Fürsorge verursacht werden. Ein Kind, das solche Erfahrungen macht, entwickelt im späteren Leben oft einen ängstlichen und/oder vermeidenden Beziehungsstil, der heraus-fordernd für die Beziehungen im Erwachsenen-leben sein kann.

In der Psychologie werden vier Hauptbindungstypen unterschieden, die auf der Bindungstheorie von John Bowlby und den Forschungen von Mary Ainsworth basieren:

Sichere Bindung: Kinder mit sicherer Bindung fühlen sich wohl und sicher, wenn ihre Bezugsperson anwesend ist, und zeigen nur mäßigen Stress, wenn sie von ihr getrennt sind. Diese Kinder nutzen ihre Bezugsperson als sichere Basis, von der aus sie die Welt erkunden. Als Erwachsene zeigen sie großes Vertrauen in Beziehungen. Sie sind offen und emotional verfügbar. Sie haben die Fähigkeit, Intimität und Unabhängigkeit zu balancieren und verfügen über eine positive Kommunikations- und Konfliktfähigkeit.

Unsicher-vermeidende Bindung: Kinder mit unsicher-vermeidender Bindung zeigen wenig bis keine Anzeichen von Kummer, wenn die Bezugsperson den Raum verlässt. Bei der Rückkehr vermeiden sie Kontakt oder reagieren ablehnend. Sie haben gelernt, ihre emotionalen Bedürfnisse zu unterdrücken, da sie keine konsistente Reaktion auf ihre Bedürfnisse erhalten haben. Erwachsene mit diesem Bindungstyp haben Schwierigkeiten, ihre Emotionen auszudrücken. Sie vermeiden Nähe und Intimität und haben eine Tendenz zu Unabhängigkeit und Selbstgenügsamkeit.

Unsicher-ambivalente, ängstliche Bindung: Kinder mit diesem Bindungstyp sind sehr anhänglich und zeigen intensiven Kummer, wenn die Bezugsperson den Raum verlässt. Bei der Rückkehr sind sie schwer zu beruhigen und zeigen widersprüchliches Verhalten, das vom Suchen nach Nähe bis hin zu aggressiven Reaktionen reicht. Dies resultiert aus inkonsistentem Verhalten der Bezugsperson. Erwachsene mit diesem Bindungsstil haben in Beziehungen eine starke Bedürftigkeit nach Bestätigung und Aufmerksamkeit. Sie sind übermäßig abhängig vom Partner und haben ein intensives Bedürfnis nach Nähe, zeigen jedoch Unsicherheit bei deren Erhalt. Sie sollten lernen, die Balance zwischen Nähe und Autonomie zu finden.

Desorganisierte Bindung: Dieser Bindungstyp tritt oft bei Kindern auf, die traumatische Erfahrungen gemacht haben. Ihr Verhalten ist unvorhersehbar und chaotisch, sie zeigen widersprüchliche Reaktionen gegenüber der Bezugsperson. Dieser Bindungsstil entsteht häufig in Umgebungen, in denen die Bezugsperson selbst Quelle der Angst ist. Auch Erwachsene mit diesem Bindungstyp zeigen widersprüchliches und unvorhersehbares Verhalten in Beziehungen. Sie haben Schwierigkeiten, Vertrauen aufzubauen und aufrechtzuerhalten. Gleichzeitig zeigen sie große Angst und Verwirrung in Bezug auf Intimität.

Reflexion

Welcher Bindungstyp bist du?

Welcher Bindungstyp ist dein Mann?

Erkennst du nun, wie daraus bei euch eventuell ungünstige Dynamiken entstanden sind?

_____

_____

_____

_____

_____

_____

_____

Stolperfallen auf dem Weg

Es gibt immer wieder Frauen, die mit einem bestimmten Muster darauf reagieren, wenn ich aufzeige, was sie völlig unbewusst kreiert haben und wie sie unabsichtlich zu eventuellen Problemen in ihrer Beziehung beigetragen haben. Sie fühlen sich beschuldigt und weisen diese angenommene Schuld vehement zurück. Sie wollen unbedingt betont haben, dass der Mann genauso „schuld" ist, genauso viel Verantwortung trägt, genauso viel tun sollte. Dahinter stecken verschiedene Abwehr- und Schutzmechanismen des Unterbewusstseins, die ich im Folgenden kurz ansprechen möchte:

a) Selbstwirksamkeit durch Schuld

Die Schuld auf sich zu nehmen, ist ein altes Verhaltensmuster: Das Unterbewusstsein von Kindern ist so gestrickt, dass es für Unzulänglichkeiten der Bezugspersonen die Schuld auf sich nimmt. Warum ist das so? Weil die Schuld auf sich zu nehmen die Möglichkeit beinhaltet, etwas ändern zu können – nämlich sich selbst. Diese Illusion von Selbstwirksamkeit ist für die psychische Gesundheit ein wichtiger Schutz. Würden Kinder akzeptieren, dass ihre Eltern unzulänglich sind und dass sie daran nichts ändern können, würde dies ihr inneres Gleichgewicht stören und lähmend wirken. Die damit verbundene Ohnmacht kommt in der Kindheit einer Todesangst gleich.

b) Selbstschutz durch Projektion oder Abwehr

Die Projektion, also das Projizieren eines eigenen inneren ungeheilten Themas auf einen anderen, dient
ebenso als Schutz. Hier gibt man sich nicht selbst die
Schuld, sondern projiziert sie auf den Partner oder jemand anderen. Sich selbst sieht man als Opfer und
empfindet sich als machtlos. Dieses Verhalten bringt den
„Vorteil", dass man glaubt, selbst nichts tun zu können,
um an einer Sache etwas zu ändern. So braucht man
selbst keine Verantwortung zu übernehmen. Frauen, die
dieses Verhaltensmuster an den Tag legen, hoffen, dass
sie sich endlich so fühlen können, wie sie gern möchten,
wenn sich nur der Partner (oder die Welt) verändern würde. Das ist jedoch ein Trugschluss. Beide
Abwehrmechanismen verhindern Entwicklung und Lösung. Annahme ist der Weg zur Heilung.

c) Das Drama-Dreieck

Das Drama-Dreieck meint ein Opfer-Täter-Retter-
Denken und -Fühlen, das sich in allen zwischenmenschlichen Konflikten und persönlichen Dramen finden lässt

– solange wir nicht bewusst aus dieser Dynamik aussteigen. Es gibt drei innere Positionen, die wir bei Konflikten einnehmen können:

- Opfer: Du fühlst dich als Opfer einer Person oder der Umstände und gibst anderen die Schuld an deiner Lage oder deinen Gefühlen.

- Täter: Du fühlst dich schuldig, weil du glaubst, jemandem etwas angetan zu haben.

- Retter: Du springst in die Bresche und rettest Opfer vor (vermeintlich) bösen Tätern.

Solange wir uns in diesem Drama-Dreieck bewegen, finden wir keine Heilung, keine Verbundenheit und keinen Frieden. Im Folgenden habe ich einige Beispiele zusammengestellt, wie das Drama-Dreieck in alltäglichen Konflikten aussehen könnte:

- Da ist der böse Mann, der Täter, der die Frau (das Opfer) gewaltvoll/falsch/unempathisch/toxisch usw. behandelt. Die Frau fühlt sich als Opfer oder wird durch den Retter oder die Retterin zum Opfer gemacht.

- Da ist das Kind (das Opfer), das vom Vater (dem Täter) angeschrien wird und von der Mutter (der Retterin) gerettet werden muss.

- Da ist der böse Chef (der Täter), der die Angestellte (das Opfer) unfair behandelt.

- Da sind die Politiker (die Täter), die die Bürger (die Opfer) unterjochen. Und dann sind da die Aufklärer, alternative Berichterstatter oder Aktivisten (die Retter), die die armen Bürger von den Tätern befreien wollen.

- Da ist das Kind (der Täter), das dem Vater (dem Opfer) nicht gehorcht.

- Da ist die Frau (die Täterin), die den Mann (das Opfer) entmannt.

Der „Vorteil" des Drama-Dreiecks: Als Opfer braucht man keine Verantwortung für sich selbst zu übernehmen. Die in vielen Elternhäusern und in der Schule erlernte Hilflosigkeit erzeugt oder fördert diese Mentalität. Sowohl als Täter als auch als Opfer kann man sich bedeutend fühlen, ohne sein Herz öffnen und sich tatsächlich zeigen zu müssen. Bedeutsamkeit und Respekt, ein Grundbedürfnis, erhält man so auf negative Weise. Als Retter muss man keine Verantwortung für sich übernehmen und sich nicht mit sich selbst und den inneren Baustellen beschäftigen. Man fühlt sich lebendig, indem man sich über andere echauffiert, projiziert die eigenen Themen auf andere, fühlt sich bedeutsam und verbunden mit anderen Rettern und streichelt und erhöht das eigene

Ego. Im Drama-Dreieck zu bleiben, ist also sehr praktisch und erfüllt auf ungesunde Weise einige Bedürfnisse.

So kann sich aber nichts ändern. Daraus kann keine Verbundenheit entstehen, weder zu sich selbst noch zu anderen Menschen. Erst wenn du dir dieser Dynamik bewusst wirst und aus ihr aussteigst, wenn du die volle Verantwortung für deine Gefühle übernimmst, endet das Drama.

Selbstermächtigung

Meine Intention ist es, Frauen zu empowern. Ich möchte ihnen zeigen, wie wirksam, machtvoll und magisch sie sein können, wenn sie sich aus ihren Entwicklungstraumata, Überlebensmechanismen, Vorstellungen und sozialen Rollenbildern befreien und die volle Verantwortung zu sich holen. Ich weise auch darauf hin, dass unbewusstes, ungeheiltes Verhalten in der Beziehung zum Gegenteil von dem führen kann, was man sich wünscht. Wachstum und Bewusstheit entstehen durch Verstehen, durch Hinschauen und Annehmen. Wer in die Schuldfalle oder ins Drama-Dreieck gerät, kann sich nicht weiterentwickeln. Es geht nicht um Schuld. Es geht um Bewusstseinserweiterung, Eigenverantwortung und Selbstermächtigung. Darauf zu warten, dass der Partner sich als Erstes verändert oder ihn gar aufzufordern, sich zu verändern, ihn zu kritisieren und zu beschuldigen – all diese Dinge kann man machen, jedoch wird sich so nichts verändern. Wenn du etwas ändern möchtest, übernimm die Verantwortung für deine Rolle in eurer Dynamik und mache den ersten Schritt. Werde zu einer Einladung für ihn in seine männliche Kraft zu kommen, indem du in deine weibliche kommst. Tue es für dich. Es wird auf ihn abfärben. Und lass dir professionell helfen, wenn sich nichts tut. Aus Erfahrung weiß ich, dass man oft viele blinde Flecken hat, wenn es um einen selbst geht. Ein erfahrener Blick von außen kann dabei helfen, den Stein ins Rollen zu bringen.

Widersprüche sind gewollt

Du wirst in diesem Buch Widersprüche finden, das ist gewollt. Das Leben ist leider nicht immer nachvollziehbar und logisch, sondern oft auch widersprüchlich. Um zu einer glücklichen und erfüllten Beziehung gelangen zu können, brauchst du die Fähigkeit, dich in jedem einzelnen Moment an dir selbst zu orientieren. Keine Regel, kein Konzept kann dich zu dir selbst und ins wahre Leben führen, das kann nur dein Körper.

Also lerne feine und tiefe Körperwahrnehmung. Lerne, in dich hineinzulauschen und zu spüren, was im jeweiligen Moment für dich wahr und richtig ist. Erlaube dir, mal so und mal anders zu entscheiden. Erlaube dir, in jedem Moment das Tempo rauszunehmen, durchzuatmen und präsent zu werden und eine bewusste und achtsame Entscheidung zu treffen. Ich gebe dir hier einen Leitfaden und Impulse an die Hand. Dabei behaupte ich nicht, zu wissen, was für dich in jedem Moment das Richtige ist. Ob und wann welches Geheimnis und welcher Impuls für dich stimmig ist, darfst du für dich selbst erspüren lernen. Spiele. Werde kreativ. Mache Fehler. Lerne. Entwickle dich weiter. Lebe!

Viele Frauen neigen dazu, ihre Unkenntnis über ihre eigene Wesensnatur hinter Staubwolken einer endlos wirbelnden Hyperaktivität zu verbergen. Aber das weibliche Urwissen wartet im Untergrund darauf, wiederentdeckt und auch von der modernen Frau benutzt zu werden.

– Clarissa P. Estés, Die Wolfs Frau. Die Kraft der weiblichen Urinstinkte

An dieser Stelle möchte ich direkt auf den ersten Widerspruch, ein Paradoxon des Lebens, hinweisen: Du hältst dieses Buch wahrscheinlich in der Hand, um deine Beziehung zu verbessern. Und vielleicht besteht die Hoffnung, dass sich dein Partner verändert, weil du dich veränderst. Du hast also eine Absicht, stimmt's? Trotzdem werde ich dir im Folgenden immer wieder sagen, dass du keine Erwartungen an ihn stellen sollst. Was du hier lernen kannst, ist die spirituelle Kunst, bei aller Absicht absichtslos zu werden. Lass deine Absicht bewusst immer wieder los. Denn ein kraftvolles energetisches

Gesetz besagt: Indem wir loslassen, was uns wichtig ist, entsteht erst der Raum dafür, dass es eintreten kann. Paradox, ich weiß. Ich gebe dir zwei beeindruckende Beispiele:

Als Waldorflehrerin hatte ich einmal eine „schwierige" Klasse. Ich probierte unheimlich viel aus und suchte nach Wegen, um einen vernünftigen Unterricht abhalten zu können. Irgendwann konnte ich nicht mehr und gab auf. Ab diesem Moment veränderte sich alles. Wir entwickelten endlich eine Beziehung. Erst als ich absichtslos auf die Kinder zugehen konnte, war ich bereit, zu empfangen und aufzugreifen, was von ihnen kam. Langsam und sanft kreierte ich daraus in weiterer Folge kleine Unterrichtseinheiten.

Zweites Beispiel: Im November 2023 hatte ich genug von meiner Selbstständigkeit. Es fühlte sich alles mühsam an. Ich beschloss, bis zum neuen Jahr nichts mehr zu tun und komplett offline zu gehen. Stattdessen meditierte ich viel und kuschelte mich zuhause mit meiner Familie ein. Plötzlich wurde ich geflutet von einer großen Vision. Ich empfing das Konzept für den Intensivworkshop „Traumpaar statt Trauma" – ein kraftvolles und vielseitiges Programm, das ich mir nie hätte selbst ausdenken können. Plötzlich war es da. Eine Kraft durchflutete mich, Begeisterung durchfuhr meinen Körper und ich wusste: Ich werde hier gerade geführt, hier kommt etwas aus einer höheren Ebene zu mir. Vorbei war mein Rückzug. Ich setzte um, was ich empfangen hatte, und schloss das Jahr mit den ersten Buchungen für den Workshop und großer Vorfreude auf den Start im nächsten Jahr ab. Diese Eingebung konnte ich nur empfangen, weil ich losgelassen hatte, weil ich entspannt und offen war. Aus diesem Workshop entstand dann im selben Flow dieses Buch.

Also, wenn du hier liest, wie wichtig es ist, dass du Wünsche hast und sie deinem Mann erzählst (damit er sie vielleicht erfüllen kann), erinnere dich an diese zwei Beispiele. Die Magie kann erst geschehen, wenn du loslässt.

Glaubenssätze loslassen

Wenn du nun weiterliest, könnte es sein, dass ein paar starke Glaubenssätze in dir aufsteigen. Für den Fall, dass solche auftauchen, möchte ich sie gleich vorab entkräften:

Du musst nicht mehr „stark" und „unabhängig" sein. Die Vorstellung, dass es überhaupt möglich sein soll, unabhängig zu sein, ist eine Illusion. Niemand ist unabhängig. Wir sind alle auf andere Menschen angewiesen. Sonst könnten wir nicht überleben.

Du bist nicht „dumm", „schwach" oder „faul", wenn du dich in deine weiblichen Qualitäten, auf die ich gleich näher eingehen werde, sinken lässt und beginnst, das Leben zu genießen. Woher kommt der Glaubenssatz, dass Dinge nur etwas wert sind, wenn du dich dafür anstrengst und abquälst? Ich will hier keine spirituelle Vermeidungsstrategie befeuern und behaupten, dass immer alles mit Leichtigkeit funktionieren soll und dass der Fehler bei dir liegt, wenn es das einmal nicht tut – das halte ich für Blödsinn. Aber was wäre, wenn du deinen Beziehungsraum zu einem heiligen, privaten Raum für Entspannung, Hingabe, Loslassen, Intimität und Fülle erklären würdest? Was wäre, wenn du dich in diesem Raum bestmöglich in deine weibliche Essenz fallen lassen würdest? Denn dann wird es leicht, selbst wenn es manchmal anstrengend ist. Alles, was es dafür braucht, ist, dass du in eurem gemeinsamen Beziehungsraum verletzlich wirst und aufhörst, stark und unabhängig sein zu wollen.

Du kannst es nicht immer richtig machen. Erlaube dir, nicht perfekt zu sein und Fehler zu machen. Du bist ein Mensch, keine Maschine. Lerne, dich selbst zu ehren, loszulassen, zu empfangen. Lerne, dein Herz zu öffnen! DAS ist deine magische und magnetische Kraft. Hole sie dir zurück! Nur du selbst kannst dir die Erlaubnis dazu geben.

Worum es nicht geht

Auf den folgenden Seiten geht es nicht darum, aus den Geheimnissen ein Dogma zu machen. Dieses Buch ist eine Einladung an dich, mit den energetischen und instinktiven Dynamiken und Qualitäten der männlichen und weiblichen Energien in dir und deiner Beziehung zu experimentieren und zu spielen. Probiere es einfach aus. Du hast immer eine Wahl. Es geht nicht darum, dass du dich verbiegst, deine Bedürfnisse unterdrückst, dich deinem Mann unterordnest, ihn bedienst und dir nur Gedanken um ihn machst. Im Gegenteil! Es geht darum, dass du weniger über ihn und mehr über dich nachdenkst und dass du dich weniger um ihn und mehr um dich selbst kümmerst. Um ein archetypisches Bild zu bedienen, geht es darum, die Königin in deinem Reich zu werden und ihn der König in seinem Reich sein zu lassen. Und das Beste daran: Es wird dich glücklich, erfüllt und begehrenswert machen! Es wird dich anziehend für deinen Partner machen.

In diesem Sinne geht es in meinem Buch auch nicht darum, auf den Mann oder „die Männer" zu schauen. Dieses Buch ist für (Ehe-)Frauen, die die Verantwortung in die Hand nehmen, in ihre weibliche geheilte Macht finden und damit ihre Beziehung retten oder „intimisieren" wollen. Daher wirst du hier nicht ständig Relativierungen wie „und andersherum natürlich auch" oder Ähnliches finden. Wir schauen hier nur auf uns Frauen und übernehmen die hundertprozentige Verantwortung für uns und unseren Teil des Beziehungsraums. Der Fokus dieses Buchs liegt auf dir, liebe Frau, auf deiner weiblichen Macht und Magie. Du kannst nur dich selbst verändern, nicht deinen Mann.

Da du eine wunderbare Frau bist, wird auch der Mann, in den du dich ursprünglich verliebt hast, ein wunderbarer Mann sein, selbst wenn du es im Moment nicht mehr sehen kannst. Dafür ist dieses Buch da. Es wird dich wieder an eure Anfänge erinnern und dir helfen, all die Qualitäten, die du damals in ihm gesehen hast, wiederzufinden.

Deine Veränderung wird auch etwas mit deinem Mann machen. Wie er darauf reagiert, liegt aber nicht in deiner Hand – denk nicht mal dran, zu versuchen, ihn zu irgendeiner Veränderung zu bewegen! Durch die Veränderung deines Verhaltens kannst du die Dynamik in eurer Beziehung verändern. Ob er die Veränderung annehmen kann, ob er bereit ist, sich selbst zu verändern und seine innere Arbeit zu machen, unterliegt nicht deiner Kontrolle. Jeglicher Versuch deinerseits, ihn zu kontrollieren, wird nur das Gegenteil bewirken. Sei eine Einladung für ihn sich zu verändern, nicht mehr und nicht weniger.

Trotzdem ist es so, dass wir Frauen von einem Mann und seiner Kraft abhängig sind, damit wir uns in der Beziehung vollständig in unseren weiblichen Pol fallen lassen können und die für uns auf Dauer oft anstrengenden männlichen Qualitäten zumindest im gemeinsamen Beziehungsraum loslassen können. Das Weibliche kann nur wirklich loslassen, fließen und sein, wenn es vom Männlichen gehalten und geführt wird. So wie du in dir den weiblichen und männlichen Pol brauchst, um dein Potenzial voll entfalten zu können, brauchst du in deiner Beziehung, wenn du dich dort entspannen und dich in deinen weiblichen Pol fallen lassen möchtest, einen Mann, der den männlichen Pol verkörpert, die männlichen Qualitäten in den gemeinsamen Beziehungsraum einbringt und dein Loslassen und Fließen ausbalancieren kann. Für den Idealzustand deiner Beziehung braucht es daher ausgewogene männliche und weibliche Qualitäten, die durch euch beide in der Beziehung verkörpert und vereint werden. Für die ersten Schritte dorthin braucht jedoch „nur" deine hundertprozentige Eigenverantwortung. Kommst du in deine weibliche Kraft und lebst deine weiblichen Qualitäten, wird er (wahrscheinlich zeitverzögert) automatisch und instinktiv seine männlichen entdecken und einsetzen können.

Die positive Veränderung deiner Beziehung liegt in diesem Sinne in deiner Hand. Für das Ergebnis braucht es natürlich euch beide. Wenn er bewusst mit dir zusammen an eurer Beziehung arbeitet – umso schöner. Aber du bist nicht darauf angewiesen. Du musst nicht auf ihn warten. Du bist kein abhängiges Opfer. Du kannst aussteigen aus dem Dramadreieck und dir deiner weiblichen Macht und Kraft bewusst werden. Das möchte ich mit diesem Buch vermitteln.

Umsetzung der Geheimnisse

Meine Lieblingsphilosophie ist die Philosophie der kleinen Schritte. Versuche nicht, alle Geheimnisse gleichzeitig anzuwenden, sondern nimm dir immer ein oder zwei für einen klar festgelegten Zeitraum vor. Experimentiere mit einem Geheimnis nach dem anderen. Behalte diejenigen bei, die für dich stimmig sind. Erfahrungsgemäß erzeugt die Umsetzung aller Geheimnisse die größte Magie. Gib dir jedoch Zeit, jedes Geheimnis Gewohnheit werden und wirken zu lassen. Es kann sein, dass dein Mann am Anfang misstrauisch ist und vorsichtshalber seine Mauern aufrechterhält. Mach trotzdem weiter. Bleib bei dir. Tue es für dich, ohne Erwartungen an ihn. Mit der Zeit wird er beginnen, deinem neuen Verhalten mehr und mehr zu vertrauen und magnetisch von dir angezogen werden. Hab Geduld! Das extra erhältliche „Praxisbuch für *Die sieben Geheimnisse von Traumpaaren ohne Trauma*" begleitet und unterstützt dich dabei, deine neuen Gewohnheiten in dein Leben zu integrieren.

Es ist auch gut möglich, dass du frustriert bist und feststellst, dass nichts zu wirken scheint oder dass dir bestimmte Fähigkeiten noch fehlen. Ebenso können sich Trigger, Glaubenssätze und Gefühle in dir zeigen, die die Entfaltung deiner Weiblichkeit behindern. Wenn du das feststellst, dann schau dir meine Angebote an oder melde dich direkt für ein unverbindliches Vorgespräch für eine individuelle Prozessbegleitung und lass dich in einem persönlichen Setting über einen längeren Zeitraum professionell bei deiner inneren Arbeit begleiten. Das wird deine Transformation vertiefen und beschleunigen.

Transformation von innen nach außen

Das Schöne ist, dass die hier vermittelten Geheimnisse dich so verändern können, dass deine neuen Fähigkeiten nicht nur dir, deinem Mann und deiner Familie zugutekommen, sondern dass du dich mit der Zeit so von innen heraus entwickeln und verändern kannst, dass es sich auch auf deine erweiterten Lebenskreise wie Freunde, Verwandte und Kollegen auswirkt. Deine Weiterentwicklung und zunehmende Wahrnehmung für die energetischen Realitäten zwischen Menschen werden dein ganzes Leben und all deine Beziehungen bereichern. Du wirst Selbstregulation, Impulskontrolle, Respekt, Demut, Selbstliebe, Würde, Akzeptanz und Sanftheit entwickeln und in die Welt tragen können. Du wirst Frieden in dir finden und verbreiten. Am schönsten und erfüllendsten aber wird sein, dass du das Gefühl haben wirst, von deinem Mann wirklich geliebt und begehrt zu werden. Statt ihm hinterherzulaufen und an der tiefen, schmerzlichen Sehnsucht nach Verschmelzung und danach, gesehen zu werden, zu leiden, kannst du dich entspannen, dich um dein Vergnügen kümmern, genießen und ihn dadurch magnetisch anziehen. Na, wie klingt das? Bist du bereit, die Geheimnisse von Traumpaaren ohne Trauma kennenzulernen? Dann lass uns loslegen!

Zusammenfassung

Du bist auf dem Weg, die Geheimnisse von Traumpaaren zu entdecken. Denke daran, dass es nicht darum geht, deinen Partner zu verändern oder in alte Rollenbilder zu verfallen, sondern darum, dich selbst weiterzuentwickeln. Deine innere Haltung und deine Weiblichkeit sind der Schlüssel zu einer erfüllenden Beziehung.

Polarität

Von jeder Wahrheit ist das
Gegenteil ebenso wahr.

– Hermann Hesse, Siddharta

Den Geheimnissen von Traumpaaren ohne Trauma liegt das Wissen um die natürliche energetische Polarität von weiblichen und männlichen Qualitäten zugrunde, dem Yin und Yang. Das eine existiert durch das andere. Sind beide Energien miteinander im Einklang, verschmelzen sie. Yin und Yang sind gegensätzlich und gleichwertig und ziehen sich wie Plus- und Minuspole magnetisch an. Das Männliche und das Weibliche finden sich in jedem Menschen. Jeder Mensch, ob Frau oder Mann, trägt beide Pole in sich und kann nur „ganz" werden, wenn er beide Pole in sich vereint. Jedoch sind sie im Idealfall nicht gleich stark in jedem Menschen ausgeprägt. Das Ziel für eine polare Beziehung voller Leidenschaft ist, dass du als Frau deinen männlichen Pol integrierst, um deine Weiblichkeit auf gesunde Weise leben zu können, und dein Mann seinen weiblichen Pol integriert, um seine Männlichkeit auf gesunde Weise nach außen hin leben zu können.

Polarität in der Beziehung zu leben, bedeutet für mich, dass in einer heterosexuellen Beziehung diese beiden Pole von Mann und Frau „vertreten" bzw. in den gemeinsamen Beziehungsraum eingebracht werden. So entstehen eine gegenseitige magnetische Anziehung und Leichtigkeit und weniger Frust, Kampf und Einsamkeit.

Der gemeinsame Beziehungsraum

Du kannst dir eine Beziehung wie einen gemeinsamen Raum vorstellen. Außerhalb der Beziehung haben beide Partner ihren eigenen Raum, wo sie ihre beiden Pole in sich integriert und vereint haben sollten. Die Beziehung jedoch ist der gemeinsame Raum, ein gemeinsames System. Mann und Frau können hier jeweils die Energie einbringen, die ihnen natürlicherweise entspricht. In neunzig Prozent der Fälle ist das beim Mann die männliche Energie und bei der Frau die weibliche (davon wird in diesem Buch ausgegangen, wohl wissend, dass es auch Minderheiten gibt, die anders gepolt sind). Beide wirken magnetisch-anziehend auf den anderen und der gemeinsame Beziehungsraum wirkt heilsam, erfüllend, leicht und harmonisch. Jeder bekommt das, was er braucht, um sich zu entspannen, gut zu fühlen und in seiner Kraft zu sein. Durch die Verkörperung der beiden Pole wird aus eins plus eins ein Drittes: ein göttliches Potenzial. Jeder Einzelne wächst über sich hinaus und das volle Potenzial kann durch die Verschmelzung und gegenseitige Ergänzung der Pole entfaltet werden.

Schaubild 1: Der gemeinsame polare Beziehungsraum

Polarität erkennt an, dass Männer und Frauen nicht gleich sind (außer als Menschen vor dem Gesetz natürlich). Männergehirne sind anders als Frauengehirne: Männliche Gehirne denken tendenziell eher linear, Frauengehirne vernetzt. Auch der Hormonhaushalt einer Frau ist zyklischer und ihre Stimmungen und Gefühle schwanken stärker als die von Männern. Rein biologisch gibt es ebenfalls Unterschiede, die Rückschlüsse auf die Qualitäten und Tendenzen des jeweiligen Geschlechts zulassen: Die weiblichen Geschlechtsorgane sind nach innen gewendet, sie öffnen sich und empfangen. Sie sind kreativ und erschaffen Leben. Die männlichen Geschlechtsorgane sind nach außen gerichtet, sie geben und penetrieren. Auch in der Natur findet man viele polare Gegensätze, die sich ergänzen (zum Beispiel Tag und Nacht, Leben und Tod). Es geht dabei nie um eine Wertung, wie „gut" oder „schlecht". Beide Pole sind gleichwertig.

Polarität in der Beziehung zu leben bedeutet, bewusst mit diesen energetischen Qualitäten zu experimentieren und zu spielen und das, was nicht der eigenen überwiegenden Energie entspricht, abzugeben.

Integriere deinen männlichen Pol

Um unseren weiblichen Pol gesund leben zu können, müssen wir Frauen unseren männlichen Pol in uns integrieren. Das heißt konkret, dass du Folgendes lernen solltest:

- Bewusstheit über deine Körperempfindungen, Gefühle und Gedanken erlangen,

- dich selbst regulieren,

- deine Impulse kontrollieren,

- Entscheidungen mit deinem Körper treffen.

In einer Beziehung kannst du dich erst dann auf eine bewusste und gesunde Weise in deinen weiblichen Pol fallen lassen, wenn du deine Gefühle und dein Nervensystem selbst regulieren kannst. Erst dann kann die Polarität eine gesunde Dynamik entwickeln, die dir viel mehr von dem bringt, was dir guttut und was du dir wünscht.

Es geht nicht darum, sich notgedrungen abhängig zu machen, sondern aus freier und bewusster Wahl heraus die weiblichen Qualitäten in die Beziehung einzubringen, sich zu entspannen und dem Mann viele der Aufgaben in der Beziehung zu überlassen, für die es männliche Energie braucht.

Ein ständiges Leben aus dem männlichen Pol heraus ist für viele Frauen auf Dauer unheimlich anstrengend und ermüdend. Sie funktionieren, aber fühlen sich oft nicht wirklich lebendig. Diese konstante Anspannung innerhalb der Beziehung loslassen zu können, ins Fließen zu kommen, sich führen zu lassen und Entscheidungen abgeben zu können, ist heilsam und entspannend. Eine Frau kann so wieder weicher werden, ihr Herz öffnen, verletzlich werden, sich wirklich spüren, auftanken, ins Fließen kommen und das Leben genießen. Je mehr eine Frau in ihrem weiblichen Pol sein kann, desto mehr Anziehung und Intimität auf allen Ebenen besteht zwischen ihr und ihrem Mann. So kommt jeder der Partner in seine Kraft und das Potenzial einer Beziehung kann seine volle Magie entfalten.

Der Fokus liegt auf emotionaler Intimität und einer tiefen Anerkennung der unterschiedlichen Aufgaben und

Qualitäten beider Partner. Ich möchte noch einmal betonen, es geht nicht um Machtgefälle oder Unterdrückung. Im Gegenteil. Polarität ist ein Spiel und ein freiwilliges, bewusstes Eintauchen in eine energetisch-instinktive Realität. Es bedeutet, das tun zu können und zu dürfen, was deinem unverstellten Wesen entspricht. Viele Beziehungen werden anstrengender, konfliktreicher, distanzierter und unglücklicher, je mehr die Frau mit dem Mann um männliche Energie konkurriert und ihn in die Passivität drängt. Vor allem leidet die Leidenschaft darunter.

Und ja, es hilft einer Frau, die sich nach mehr Weiblichkeit sehnt, enorm, wenn sie einen Mann mit geheilter Männlichkeit hat, eine Eiche und keinen Steckling. Dann kann sie sich viel leichter fallen lassen, loslassen und die Kontrolle abgeben – das, wonach sie sich so sehr sehnt. Aber wie gesagt: Willst du auf ihn warten und eure erfüllende Beziehung eventuell sogar mit deinem Verhalten verhindern? Oder willst du dich und ihn so lieben, dass du eine inspirierende und anziehende Einladung für ihn ausstrahlst, in seine männliche Kraft zu kommen?

Selbstregulation

Menschen mit Entwicklungstraumata fehlt oft die Fähigkeit zur Selbstregulation. Darunter versteht man die Fähigkeit, Gefühle und Bedürfnisse, Gedanken und Trigger im Körper zu halten und regulieren zu können, ohne davon überrollt und gesteuert zu werden. Es bedeutet, zwischen dem äußeren Reiz und unserer Antwort auf eine Situation eine Pause machen zu können. In diesem Zwischenraum kann man bewusst wahrnehmen, was sich in einem zeigt, und warten, bis sich die Emotionen wieder beruhigt haben (alltägliche, reaktive Gefühle dauern maximal neunzig Sekunden!). Im Zwischenraum werden wir frei von unseren Gefühlen und Gedanken. Hier entsteht die Freiheit, bewusst zu wählen und das eigene Verhalten zu steuern. Hier finden wir aus dem Kampfmodus zurück in die Empathie und bedingungslose Liebe.

Selbstregulation hilft dabei, Konflikte in der Tiefe wahr- und anzunehmen und sie zu nutzen, um tiefere Verbundenheit herzustellen und unser Ego loszulassen. Sie ist also eine äußerst wichtige Fähigkeit für unsere Beziehungen und unser Leben. Ohne Selbstregulation erleben wir viele Ängste, Konflikte und Leid.

Selbstregulation lernt man idealerweise durch Co-Regulation in der Kindheit. Da ein Kind in das

Nervensystem der Mutter aufgenommen wird, wird es vom Zustand ihres Nervensystems geprägt (diese Prägung beginnt schon in den letzten drei Schwangerschaftsmonaten) und lernt durch ihre Co-Regulation (später auch durch die anderer Bezugspersonen) Gefühle und Bedürfnisse zu fühlen, ohne sie zu verdrängen oder Angst davor zu haben.

Selbstregulation ist eine männliche Energie, die von unserem inneren „Vaterpol" ausgeht – der Bewusstheit, auch der innere Beobachter genannt. Dieser innere Beobachter hat die Fähigkeit, alle deine inneren Anteile wahrzunehmen. Diese inneren Anteile sind Persönlichkeitsfragmente oder innere Rollen, die uns in bestimmten Situationen prägen und oft unbewusst beeinflussen. Sie repräsentieren unterschiedliche Gefühle, Bedürfnisse und Erfahrungen, die du im Laufe deines Lebens gesammelt hast – wie innere Stimmen, die Angst, Wut, Schutzbedürfnis oder Freude verkörpern, oft geprägt durch Kindheitserfahrungen. Die Bewusstheit nimmt all diese Anteile wahr, wie auf einer inneren Bühne, und hilft dir, sie zu erkennen und zu integrieren. Unsere inneren Anteile, Gefühle und Gedanken auf diese Weise bewusst und achtsam im Körper halten und prozessieren zu können, bedeutet, den männlichen Pol in uns zu integrieren. Die männliche Energie gibt und hält den inneren Raum, die innere Bühne. So geben wir uns selbst Struktur, Halt und Neuausrichtung. Wir brauchen diesen männlichen Pol in uns, um die Verantwortung für uns zu hundert Prozent übernehmen zu können. Erst dann werden wir frei zu wählen, wie wir uns verhalten wollen. Wir können uns dann zum Beispiel bewusst in unsere Weiblichkeit fallen lassen und entspannen – weil wir uns selbst halten, schützen und führen können.

Im gemeinsamen Beziehungsraum können wir dieses Halten und Führen auch unserem Mann überlassen, wenn wir wollen. Mit integriertem männlichem Pol kann die Frau im gemeinsamen Beziehungsraum den weiblichen Pol gesund vertreten: Sie kann offen ihre Gefühle kommunizieren und dabei ruhig, achtsam, respektvoll und verantwortungsvoll bleiben, ohne das, was sich in ihr zeigt, auf den Partner projizieren zu müssen.

Lebt die Frau in der Beziehung auf diese gesunde Weise in ihrem weiblichen Pol und der Mann in seinem männlichen Pol, dann kann die Verschmelzung geschehen, nach der sich so viele Frauen sehnen. Erst wenn du unabhängig sein und dich selbst führen kannst, kannst du bewusst und auf gesunde Weise Abhängigkeit wählen und dich von deinem Mann halten und führen lassen. Nicht, weil du musst, sondern weil du es angenehm findest und dich bewusst dafür entscheidest. Nutze deinen männlichen Pol für die Welt, für deine Arbeit, für dich selbst – und genieße die Entspannung im weiblichen Pol in deiner Beziehung oder Ehe.

Starke Frauen

Im Leben werden wir Frauen oft aufgefordert, unseren Mann zu stehen und stark bzw. hart zu sein. Und das können wir auch. Aber es ist auf Dauer anstrengend, weil es nicht unserer natürlichen Essenz entspricht. Viele Frauen kennen fast nur das Leben in der männlichen Energie. Sie halten den Raum für die Familie: Sie bieten Unterstützung und emotionale Balance, sie haben den Überblick, treffen die Entscheidungen, finden Lösungen, planen und setzen um. Sie tragen eine Rüstung und funktionieren. Sie sind stark, hart und unabhängig – zumindest nach außen hin. Sie erheben diese unfreiwillige Stärke zur Tugend und ihr Allein-gelassen-Sein zur „Unabhängigkeit" – so funktioniert das Unterbewusstsein. Es schützt uns.

Viele dieser „starken Frauen" funktionieren nur. Sie haben schmerzende, emotionalen Anteile von sich abgespalten. Sie sind erschöpft, hart und einsam. Sie haben keine Chance, sich in ihre Weiblichkeit fallen zu lassen, wirklich loszulassen und dabei von jemandem sicher gehalten zu werden. Eine Freundin kann das ein bisschen ausgleichen, aber es geht doch nichts über die Schulter eines Mannes, der gelernt hat, präsent zu bleiben, auch wenn es emotional wird. Ein geheilter, männlicher Mann, der so sicher ist wie eine starke Eiche und nicht umkippt und einknickt wie ein Steckling, wenn du loslässt. Ein Mann, der deine inneren Stürme aushalten kann, ja, der sie bewusst aus dir herauskitzelt und sich nicht bei einem „Es ist nichts" von dir erleichtert und feige davonschleicht. Ein Mann, der weiß, dass es dir dient, wenn er (dran-)bleibt, nachhakt, bis du dich öffnest, und der dann aushält und hält, was dabei herauskommt – achtsam und ruhig oder auch mal, wenn du dich sehr sicher fühlst, ungefiltert, wild, chaotisch, emotional. Ein Mann, der den Sturm vorüberziehen lassen kann und nur die wesentlichen Informationen herausfiltert. Der nicht persönlich nimmt, was du ihm eventuell an den Kopf wirfst, sondern weiß, dass es nur darum geht, dich wirklich zu fühlen, deine Seele wahrzunehmen. Ja, es tut gut, sich einmal nicht selbst führen und halten zu müssen.

Schwach sein können ist Stärke

Es gibt Frauen, die keinen Zugang zu ihren Gefühlen und Bedürfnissen haben bzw. diese für Schwächen halten. Sie wissen nichts über ihre wirkliche weibliche Stärke, nichts über die Magie ihrer Weiblichkeit und wie anziehend und aktivierend ihre vermeintlichen Schwächen auf Männer wirken können. Sie fühlen sich einsam, ungesehen, unfrei, unerlöst und wie eine vertrocknete Rose.

Solch eine Frau liegt dann vielleicht nachts wach neben ihrem schlafenden Mann und weiß nicht, ob sie wütend oder verzweifelt sein soll. Da liegt er und schläft, hat sein Tagwerk vollbracht und sie fragt sich, ob sie den Rest ihres Lebens so neben ihm dahinvegetieren und Zeit verschwenden will. Ohne Ekstase, ohne von ihm wirklich geöffnet, wirklich genommen zu werden. Ohne je von seiner wilden, entfesselten männlichen Energie und Dominanz zu ekstatisch-schaurigem Kontrollverlust und völliger Hingabe getrieben worden zu sein. Ohne wirkliche Intensität, Intimität und Erfüllung. Sie denkt es liege an ihm. Dabei kann sie all das nur durch ihre Weichheit, Offenheit und Hingabe geschenkt bekommen.

Selbst wenn sie darüber Bescheid weiß, fällt es ihr aufgrund ihrer Entwicklungs- und Bindungstraumata wahrscheinlich schwer, aus der alten Hemmung und Starre auszubrechen und in ihre weibliche Magie einzutauchen. Ja, es braucht innere Arbeit, um all die inneren Verhärtungen und Knoten zu lösen. Ohne ihre Bereitschaft zum wirklichen Eintauchen in ihren verletzlichen, schwachen weiblichen Pol, wird sie nie die Beziehung haben können, nach der sie sich sehnt.

Wenn du, liebe Leserin, eine dieser Frauen bist, dann nur Mut! Du musst dich nur trauen, dich immer wieder überwinden, dich immer wieder verletzlich machen. Sage, was du fühlst und was du dir wünschst. Erwecke in ihm den Beschützerinstinkt und lass ihn dein Helden sein, der dich beschützt, dir dient, dich verwöhnt und versorgt. Lass los, zeig dich und gib dich ihm hin und er wird dich mit der Zeit immer besser auffangen und halten lernen. Mache dir immer wieder bewusst: Deine Schwäche ist deine Stärke.

Hier ist eine somatisch-energetische Übung für Paare, um diese Dynamik wirklich zu erleben: Stelle dich mit dem Rücken und weit ausgebreiteten Armen vor ihn hin. Er steht circa einen Meter hinter dir und schaut dich bzw. deinen Rücken an. Nun lass dich nach hinten fallen. Versuche, dabei nicht einzuknicken. Wie sehr kannst du ihm schon vertrauen, dass er dich auffängt und halten kann, dass er dich nicht fallen lässt? Dein Vertrauen bringt ihn in sein Verantwortungsgefühl.

Geheilte Weiblichkeit: Die Königin

Um gesunde Weiblichkeit zu entfalten, muss jede Frau auch ihren männlichen Pol in sich ausgebildet haben. Eine Frau in ihrer Macht, eine Königin,

- … kann sich selbst führen und halten.

- … kann ihre Impulse und Gefühle halten und re gulieren und ist sich bewusst, welche Überlebens- und Abwehrmechanismen aufgrund von Entwicklungs- und Bindungstraumata in ihr präsent sind.

- … hat sich von gesellschaftlichen Erwartungen, Rollenbildern und Vorgaben befreit und spürt sich selbst, ihre wirklichen Bedürfnisse und Wünsche.

- … kann loslassen und sich hingeben, fühlen und vertrauen, genießen und empfangen.

- … ist weich und verletzlich, mitfühlend, verspielt, fließend, kreativ und präsent.

Reflexion

Wie viele weibliche Qualitäten bringst du schon in eure Beziehung ein? Auf einer Skala von 0 (gar nicht) bis 10 (sehr):

- Wie verspielt bist du?

- Wie humorvoll?

- Wie verführerisch?

- Wie kreativ?

- Wie gefühlvoll?

- Wie sanft und weich?

- Wie hingebungsvoll?

- Wie genussvoll?

- Wie offen und verletzlich?

- Wie selbstlos liebst du schon?

Du brauchst dieses tiefe, aus dem Herzen kommende Verständnis, um eine innige und leidenschaftliche Beziehung kreieren zu können. Liebe seine Seele, ehre deinen Partner als deinen Mann, erkenne an, dass du ihn brauchst, um dich wirklich fallen lassen zu können, fordere ihn spielerisch heraus und schenke ihm dein Herz und deine Seele.

Weiblichkeit vertiefen

Hier sind ein paar Dinge, die du über die sieben Geheimnisse hinaus tun kannst, um dich immer weiblicher zu fühlen und immer weicher zu werden:

- **Wasser:** Wasser ist ein weibliches Element. Es fließt um Hindernisse herum, gräbt sich in die Tiefe und ist flexibel und anpassungsfähig. Die

Qualitäten des Wassers spiegeln die weibliche Energie wider: sanft, aber kraftvoll, weich, aber beharrlich. Wasser symbolisiert die Fähigkeit zur Anpassung und den tiefen emotionalen Fluss des Lebens. Auch Gefühle sind wie Wasser. Sie fließen, wenn wir sie lassen, durch uns hindurch und sind nach maximal neunzig Sekunden wieder aus unserem System hinausgeflossen.

• **Naturverbundenheit**: Regelmäßige Ausflüge und Spaziergänge in der Natur führen dich zurück in die Entspannung, die Stille, zu Mutter Erde und in den Kreis des Lebens. Verbinde dich mit der Erde und lasse deine Wurzeln tief und sicher wachsen. Die Natur repräsentiert die Yin-Energie durch ihre Ruhe, Beständigkeit und Zyklizität. Die vier Jahreszeiten durchlaufen Frauen auch seelisch in jedem ihrer Zyklen.[6]

---

6 In "Wild Power" beschreiben Pope und Wurlitzer, wie Frauen in ihrem monatlichen Menstruationszyklus vier Phasen durchlaufen, die symbolisch den Jahreszeiten ähneln:

1. Innere Winterzeit (Menstruation): Eine Phase der Rückkehr nach innen, Ruhe und Reflexion, vergleichbar mit dem Winter, wo Rückzug und Erneuerung im Fokus stehen.

2. Innere Frühlingszeit (nach der Menstruation): Die Follikelphase, eine Phase der Erneuerung und neuen Energie, ähnlich wie im Frühling, wenn die Natur erwacht und neues Wachstum beginnt.

3. Innere Sommerzeit (Ovulation): Die Ovulationsphase, eine Zeit voller Lebendigkeit, Kreativität und extrovertierter Energie, vergleichbar mit dem Sommer, wenn alles in voller Blüte steht.

4. Innere Herbstzeit (prämenstruell): Die Lutealphase, eine Phase der Vorbereitung und des Rückzugs, ähnlich dem Herbst, wo Dinge sich auf den Rückzug und die Ernte konzentrieren.

- **Kreativer Ausdruck**: Kreativer Ausdruck ist der weibliche Aspekt der Schöpfung: Ob Tanzen, Malen, Singen, Schreiben, Kochen usw., alles ist Yin-Energie, ein weiblicher Schöpfungsakt.

  Finde etwas, das dir Vergnügen bereitet. Kreative Aktivitäten fördern die Verbindung zu deiner weiblichen Energie und helfen dir, deine Intuition und dein inneres Potenzial zu entfalten und auszudrücken. Kreativität ist ein wesentlicher Bestandteil der Yin-Energie und unterstützt dich dabei, ins Fließen zu kommen und weich und verspielt zu werden.

- **Achtsamkeit (Mindfulness) und Meditation**: Meditation, Yoga oder Tai Chi helfen dabei, die Aufmerksamkeit auf das Hier und Jetzt zu richten und eine tiefere Verbindung zur eigenen inneren Welt herzustellen. Diese Praktiken fördern deinen männlichen Pol, die Bewusstheit und Selbstregulation, sodass du noch besser loslassen und entspannen kannst.

Diese zyklischen Veränderungen beeinflussen das emotionale und seelische Befinden von Frauen, und das Wissen darüber kann zu mehr Selbstverständnis und Selbstfürsorge führen.

Zusammenfassung

Du hast die Bedeutung der Polarität zwischen männlicher und weiblicher Energie erfahren. Die Magie entsteht, wenn du deinen männlichen Pol integriert hast und dich in eurem gemeinsamen Beziehungsraum in deine weibliche Energie fallen lässt. Dies schafft eine tiefe Anziehung und Intimität in deiner Beziehung. Mit diesem Grundwissen bist du nun bereit für die sieben Geheimnisse von Traumpaaren ohne Trauma.

1. Geheimnis:

Bewusst lieben

Love is a force that connects us to every strand of the universe, an unconditional state that characterizes human nature, a form of knowledge that is always there for us if only we can open ourselves to it.

– Emily H. Sell

Veränderung beginnt mit der tiefen Erkenntnis deiner selbst. In diesem Kapitel wirst du lernen, dich, deine Beziehung und deinen Partner bewusster wahrzunehmen und eine Kopf-Herz-Kohärenz herzustellen. Verstehe und erkenne, wo du stehst und wo du deine Beziehung hinführen kannst und erfühle, worauf es wirklich ankommt. Im Folgenden beschreibe ich verschiedene Entwicklungsfelder und Fähigkeiten, die zu entwickeln für eine Traumbeziehung unumgänglich sind.

Sechs Beziehungsarten

Die sechs Beziehungsarten sind ein Konzept, das auf den Entwicklungsstufen von Bindungen und Beziehungen basiert und in verschiedenen psychologischen und soziologischen Theorien auftaucht. Der Begriff selbst ist nicht fest in der Fachliteratur verankert, sondern wird je nach Kontext unterschiedlich interpretiert und verwendet. Die spezifische Einteilung, auf die ich mich hier beziehen möchte, ist eine Synthese dieser und anderer psychologischer Theorien, die entwickelt wurde, um Menschen zu helfen, ihre Beziehungen besser zu verstehen und einzuordnen. Es ist wahrscheinlich, dass sie aus einer Mischung von wissenschaftlicher Theorie und praktischer Erfahrung stammt. Um herauszufinden, wo du stehst und wo es für dich hingehen kann, ermöglichen die sechs Beziehungsarten eine erste Standort-analyse.

Die sechs Beziehungsarten:

1. Deine Beziehung ist außergewöhnlich und erfüllt mit tiefer Liebe UND brennender Leidenschaft.

2. Ihr liebt euch, habt aber keine Leidenschaft zwischen euch. Ihr seid gute Freunde.

3. Ihr seid höflich miteinander und lebt wie in einer WG.

4. Du bereitest deine Flucht vor.

5. Du hast keine Beziehung.

6. Du willst keine Beziehung.

Reflexion:

Wo stehst du? Wo willst du hin?

_____

_____

Wie liebst du?

Befragt man Menschen, die ein Nahtoderlebnis hatten, fallen die Berichte darüber ähnlich aus: Fast alle haben ein Gefühl von unendlicher Liebe erfahren. Eine Liebe, die keine Spur von Wertung aufwies, sondern reines Erkennen ihrer Seele war. Wie wäre es, wenn wir nicht erst im Tod diese reine, bedingungslose Liebe erfahren könnten, sondern uns den Himmel auf die Erde holen würden? Was wäre, wenn wir uns jeden Tag in bedingungsloser Liebe üben würden? Hast du schon einmal darüber nachgedacht, wie du deinen Mann eigentlich liebst? Um dir darüber Klarheit zu verschaffen, kannst du auf das Konzept der drei Stufen der Liebe zurückgreifen:

1. **Egoistische „Liebe":** Wie ein Baby forderst du Bedürfniserfüllung und schaust dabei nur auf dich. Deine Bedürfnisse stehen für dich an erster Stelle und deine Gedanken kreisen nur um dich und darum, wie dein Partner deine Bedürfnisse erfüllen soll.

2. **Bedingte Liebe/Handel:** Du gibst etwas, aber erwartest dann eine Gegenleistung oder forderst erst, um dann etwas zurückzugeben. Quid pro quo. Du tauschst Zuwendung gegen das, was du

von deinem Partner haben willst. Diese Herangehensweise erinnert an das älteste Gewerbe der
Welt …

3. **Selbstlose, bedingungslose Liebe:** Du BIST
   Liebe. Die Bedürfnisse deines Partners kommen
   an erster Stelle. Du gibst ohne Bedingungen und
   machst die Bedürfnisse deines Partners zu deinen eigenen. Du unterstellst ihm nur gute
   Absichten.

Als ich zum ersten Mal von den drei Stufen der Liebe
hörte, musste ich mir eingestehen, dass ich in meiner Ehe
zwischen der ersten und zweiten Stufe unterwegs war.
Selbstlose, bedingungslose Liebe, die den anderen an
erste Stelle stellt? Das war ein 180-Grad-Perspektiv-
wechsel für mich! Es machte sofort einen spürbaren
Unterschied, als ich mich dazu entschied, mich in bedingungsloser Liebe zu üben und meinen Mann so oft es
ging an erste Stelle zu stellen.

Achtung: Hier ist weder gemeint, dass du ungebeten
antizipierst, was dein Partner brauchen könnte (warte bis
er dich um etwas bittet), noch, dass du dich selbst aufop-
ferst. Im Gegenteil: Bleib bei dir, wisse, was du willst,
fühlst und brauchst. Es ist nicht deine Aufgabe, seine Bedürfnisse zu antizipieren und ihm irgendetwas aktiv zu
geben, worum er nicht gebeten hat. Es geht einzig dar-

um, ihn bedingungslos zu empfangen und in seinem zu lieben.

„Wie sieht bedingungslose Liebe konkret aus?", fragten mich die Teilnehmerinnen im Intensivworkshop „Traumpaar statt Trauma". Als Antwort gab ich ihnen folgende Beispiele:

1. Beispiel: Es ist spät und dein Körper will ins Bett. Auf dem Weg dorthin taucht dein Mann auf und will dir noch etwas erzählen. Jetzt hast du die Wahl: Gibst du ihm einen Korb, erzeugst eine Abstoßung zwischen euren Polen und verringerst die Intimität oder bleibst du, stellst ihn an erste Stelle, empfängst ihn und hörst zu? Mach dir bewusst, was er bei dir sucht, indem er dich jetzt noch auf dem Weg ins Bett „abfängt": Verbindung! Er möchte von dir gesehen werden und die Fragen hinter seinen Worten (egal, worum es inhaltlich geht) sind: Vertraust du mir? Traust du mir xy zu? Bin ich es wert, geliebt zu werden? Respektierst du mich? Bin ich die wichtigste Person in deinem Leben? Also entscheide dich, was dir wichtiger ist: dein Bedürfnis nach Schlaf oder dein Bedürfnis nach Verbundenheit und Intimität – und damit sein Bedürfnis nach Bedeutung und Liebe in diesem Moment: Was wählst du? Wie liebst du?

Das steckt eventuell auch noch in der Situation: Er hat nicht genügend Informationen von dir, um dich glücklich machen zu können. Ist ihm bewusst, wie sehr du dir wünschst, ins Bett zu gehen? Hast du ihm – zu einer anderen Gelegenheit, nicht in Form einer Zurückweisung – einmal gesagt, wann und wie du gern ins Bett gehen möchtest? „Ich wünsche mir, so oft wie möglich bis 22 Uhr im Bett zu sein", wäre da eine hilfreiche Info für ihn. So kann er dich glücklich machen und du musst ihn das nächste Mal nicht zurückweisen oder kritisieren.

2. Beispiel: Es ist dein freier Tag. Er ist zuständig für die Kinder. Aber du hörst, wie gestresst er ist, und weißt, er hat gerade viel um die Ohren. Wenn er dich um Hilfe bittet, entscheidest du, ihn an erste Stelle zu stellen, obwohl du deinen freien Tag wirklich herbeigesehnt hast.

3. Beispiel: Ihr seid unter Leuten. Seine Art, auf Leute zuzugehen, ist ganz anders als deine. Früher hättest du dich fremdgeschämt, dich vielleicht eingemischt, wärst wertend gewesen. Aus der bedingungslosen Liebe heraus lässt du deine Bewertungen jetzt los, erkennst demütig an, dass dein Weg wahrscheinlich nicht der allgemein gültige und einzig richtige ist und bleibst innerlich wertfrei und respektvoll.

4. Beispiel: Er tut etwas, das dich verletzt. Anstatt ihn zu beschuldigen und wütend zu werden, nimmst du an, dass er trotz allem gute Absichten hatte, sagst ihm das und teilst ihm trotzdem respektvoll deine Gefühle und deinen Wunsch mit.

5. Beispiel: Du bist neben der Spur, aber gleich werdet ihr euch sehen. Du sorgst also dafür, dass du in eine glückliche Stimmung kommst, weil du weißt, dass das einen wohltuenden, heilsamen Einfluss auf ihn hat – und damit auch auf dich (dazu gleich mehr).

Reflexion:

Sei ehrlich mit dir: Auf welcher Stufe der Liebe bist du hauptsächlich unterwegs?

_____

_____

_____

Wo willst du hin? (Ohne selbstlose Liebe anzustreben, wird deine Beziehung nie Stufe eins erreichen können.)

_____

_____

_____

Liebe auf Stufe drei und zwei bedeuten, dass wir nur schauen, was er für uns tun kann. Was will ich, was brauche ich von ihm? Ja, es ist wichtig, dass du weißt, was du brauchst, was du dir wünschst und wie dein Partner dir genau das geben kann. Wenn du daraus jedoch einen Handel machst, wird es zwischen euch immer schwierig bleiben. Bedingungslose Liebe ist Hingabe und Wertfreiheit. Sie entsteht, indem du präsent bist und empfängst – ohne Bedingungen.

Bedingungslose Liebe ist kein Zustand, sondern eine innere Haltung, aus der entsprechende Handlungen resultieren. Bedingungslos zu Lieben heißt, uneigennützig, wertfrei und wohlwollend zu handeln. Wir können also nicht wertfrei lieben, wenn wir bewerten, ja, wir können nicht mal lieben, wenn dir gerade kochen, schreiben oder andere Dinge tun. Bedingungslos Lieben ist eine Tätigkeit aus einer bewussten und wohlwollenden Haltung heraus. Statt zu bewerten, können wir die Bewertung loslassen und lieben. Statt zu kritisieren, zu meckern oder zu erklären, können wir lieben und vertrauen. Statt zu schauen, was er für dich tun kann, kannst du schauen, was du für ihn oder für dich selbst tun kannst. Dein wohlwollendes Tun für dich oder andere heißt lieben.

Wenn du mich in diesem Augenblick fragen würdest, ob ich meinen Mann liebe, würde ich sagen: „Nein. Gerade bin ich am Schreiben und fühle Begeisterung für das, was ich hier mit dir teile. Aber später, wenn ich ihm in der Küche begegne, werde ich ihn wieder lieben: Ich werde ihn wertfrei wahrnehmen. Ich werde ihm eine Bitten erfüllen und ein wichtigstes Bedürfnis in dem Moment erfüllen. Ist er der wichtigste Mensch in meinem Leben? Ja. Ist er der Mensch, dem ich alle Bedürfnisse erfüllen möchte? Ja. Ist er der Mensch, der meine Bedürfnisse erfüllen kann? Ja. Ist er der Mensch, mit dem ich den Rest meines Lebens verbringen und den ich jeden Tag für so viele Momente wie möglich lieben will? Ja!"

Bedingungslos zu lieben, erzeugt ein wunderschönes Gefühl von Glückseligkeit. Bedingungslos zu lieben, bedeutet paradoxerweise die ultimative Erfüllung und Selbstauffüllung. Du fühlst dich leer und unerfüllt? Du bist im Mangel? Es ist eine alte buddhistische Weisheit, dass du dich am besten um andere Menschen kümmern und ihnen helfen solltest, wenn es dir schlecht geht. Die Energie, die du anderen Menschen schenkst, kommt dann doppelt zu dir zurück. Ebenso wahr: Tue etwas für dich, etwas, das dich begeistert, belebt und deine Lebenskräfte aktiviert und dich auflädt. Vielleicht kannst du beides miteinander verbinden? Dann verschwindet auch der Widerspruch. Prüfe, was für dich im jeweiligen Moment stimmig ist.

Bedingungslos zu lieben, ist eine hohe Kunst. Sie wird dir nicht immer möglich sein und das ist okay. Du bist auf dem richtigen Weg. Sei auch liebevoll mit dir selbst. Versuche einfach so oft du kannst, deinen Mann wertfrei und mit allem, was er dir gibt, zu empfangen – selbst, wenn du es zunächst nicht schätzen kannst. Wenn du ihm in seinen Impulsen folgst, deinen ersten Widerstand loslässt und dich seinem Plan hingibst, wirst du sehr wahrscheinlich überrascht werden!

Ich gebe dir ein persönliches Beispiel: Wir waren im Urlaub. Mein Mann machte den Plan, zu einer Sehenswürdigkeit samt Museum zu fahren und hinterher mit uns am dortigen Fluss zu baden. Es war heiß. Die Sehenswürdigkeit fand ich anfänglich nicht sehr spannend. Ich fühlte mich nicht wohl. Mir war zu heiß und langweilig. Aber ich ließ mich bewusst auf ihn ein und folgte seinem Plan. Ich meckerte nicht und bewertete nicht. Ich spürte nur in mich hinein und fragte, wie ich die Situation für mich angenehm machen könnte, was ich brauchte, um entspannt mitfließen zu können. Da war einerseits das Bedürfnis nach mehr Informationen, um das Besondere an der Sehenswürdigkeit zu erkennen. Außerdem wollte ich Kaffee und Eis. Als ich alle diese Dinge bekommen hatte, war die Welt wieder in Ordnung. Auch das Baden im Fluss zwischen den vielen Menschen, die die gleiche Idee gehabt hatten, fand ich erst nicht so verlockend. Als ich dann aber im kühlen Wasser war, fühlte ich mich pudelwohl und genoss den Nachmittag in und an diesem wunderbaren Fluss. Der ganze Ausflug war also ein voller Erfolg für uns. Für meinen Mann, weil er die Führung übernommen hatte und seinen Plan erfolgreich durchführen konnte ohne dass ich es ihm und uns durch Meckern, schlechte Laune oder Widerstand erschwerte. Für mich, weil es wirklich ein schöner Tag war. Und natürlich für unsere Kinder, weil alles reibungslos und harmonisch verlaufen war und sie besonders beim Springen von den Klippen in den erfrischenden Fluss viel Freude hatten.

Ich denke nicht, dass dieser Ausflug so schön geworden wäre, wenn sich nicht jeder von uns im Sinne der Polarität auf seine Stärken fokussiert hätte. Für meinen Mann bedeutete das, die Führung zu übernehmen und zu überlegen, wie der Ausflug für uns alle zu einem schönen Erlebnis werden könnte. Außerdem war er dafür zuständig, die Motivation hochzuhalten, als die heiße Sonne uns zu schaffen machte. Für mich bedeutete es, mich einzulassen, in seinen Raum hineinzufließen und ihm zu folgen. Dafür bestand meine innere Arbeit darin, in mich hinein zu spüren und zu erforschen, was ich brauchte, um den Tag unbeschwert und lustvoll genießen zu können. So genoss er das Gefühl, Anerkennung und Respekt für seine Führung zu bekommen, und ich das Vergnügen, mich hingeben und entspannen zu können.

Die fünf Sprachen der Liebe

Jeder Mensch fühlt sich auf andere Art und Weise geliebt. Immer wieder hört man Sätze wie „Ich habe alles für ihn/sie getan und es kommt nichts zurück!". Da kann ich nur sagen: Tu nicht alles, sondern das, was der andere tatsächlich braucht. Liebe ihn so, wie er geliebt werden möchte. Frag ihn: „Was kann ich tun, damit du dich geliebt fühlst?" Die Antworten können vielfältig sein:

- Worte (Dankbarkeit, Lob),

- Handlungen/Tätigkeiten,

- Geschenke,

- gemeinsame Zeit oder

- Berührung.

Also, möchtest du eine Beziehung, die deine tiefste Sehnsucht nach Verschmelzung und Ekstase erfüllt? Dann ist das erste Geheimnis für dich wichtig: Übe dich in bedingungsloser Liebe und finde heraus, was dein Mann wirklich braucht, um sich geliebt zu fühlen. Diene ihm so gut du kannst mit deinem Herzen, deiner Hingabe, deiner Bewunderung, Demut, Wertschätzung, Dankbarkeit, Zärtlichkeit, Verspieltheit, deiner weiblichen Essenz. Liebe ihn bedingungslos (und wenn dich das Wort „dienen" triggert: Finde heraus, warum, und löse die tiefer liegende Ursache auf).

Bedürfnisse

Laut Tony Robbins, einem populären Lifecoach aus den USA, gibt es sechs Bedürfnisse, die in einer Beziehung erfüllt werden müssen, wenn du eine Stufe-eins-Beziehung führen möchtest. Die Gewichtung der einzelnen Punkte kann für jeden anders ausfallen und sich im Laufe des Lebens ändern:

- Sicherheit,

- Unsicherheit/Abwechslung,

- Bedeutung,

- Liebe und Verbundenheit,

- Wachstum,

- Anderen Menschen beitragen zu können

Die ersten vier sind grundlegende Bedürfnisse (in einer Beziehung). Die letzten zwei haben eine spirituelle Komponente und vervollständigen eine Beziehung. Je mehr Bedürfnisse ihr euch gegenseitig erfüllt, desto inniger und leidenschaftlicher wird eure Beziehung:

- Wenn du zwei Bedürfnisse deines Partners erfüllst, kreiert das Kontakt.

- Wenn du vier Bedürfnisse erfüllst, kreiert das Verbundenheit.

- Wenn du sechs Bedürfnisse erfüllst, wird dich dein Partner nie wieder verlassen wollen.

Reflexion

Was sind aktuell die zwei Hauptbedürfnisse deines Partners?

1._____

_____

2._____

_____

Wie kannst du sie ihm erfüllen? Nenne drei Dinge, die du tun kannst.

_____

_____

_____

_____

Wie möchte er sie tatsächlich erfüllt haben? (Was kannst du tun, damit er sich beispielsweise bedeutsam für dich fühlt?)

_____

_____

_____

_____

_____

Was sind im Moment deine zwei Hauptbedürfnisse?

1. _____

_____

2. _____

_____

Wie werden sie von deinem Partner erfüllt?

_____

_____

_____

Wie möchtest du sie tatsächlich erfüllt haben?

_____

_____

_____

_____

Beispielhafte Gedanken zum Bedürfnis „Liebe und Verbundenheit": Wodurch fühlst du dich wirklich geliebt?
Durch Worte, Handlungen, Berührung, Blicke, Geschenke von ihm oder durch gemeinsame Zeit? Hast du ihm
das schon einmal gesagt? Weiß er, wie er dir das Gefühl
geben kann, wirklich geliebt zu werden?

Deine Vision

Der erste Schritt, um Ziele zu erreichen, ist, eine möglichst konkrete Vorstellung davon zu haben, wohin man
möchte. Ansonsten bleibt deine Sehnsucht nur ein diffu-
ses Gefühl und bringt dich nirgendwo hin. Daher hier die
Fragen an dich:

Wie sieht für dich eine perfekte, erfüllte Beziehung
konkret aus (unabhängig von deinem jetzigen Partner)?
Wie würdest du dich in einer solchen Beziehung fühlen?
Was würdet ihr tun? Worüber würdet ihr lachen und re-
den? Nimm dir ein paar ruhige Minuten und spüre in
dich hinein. Lass ein möglichst konkretes, lebendiges
und vor allem fühlbares Bild in dir aufsteigen und schreibe deine Vision auf:

Wie sieht deine Beziehung aktuell aus?

_____

_____

_____

_____

Warum bist du (noch) mit deinem Partner zusammen?
Was siehst du in ihm? Warum hast du dich in ihn verliebt?

_____

_____

_____

_____

_____

_____

Was für eine Beziehung hast du verdient?

_____

_____

_____

_____

Was hindert dich daran, eine erfüllte Beziehung zu leben?

_____

_____

_____

Was bringt es dir, im alten Zustand deiner Beziehung zu bleiben?

_____

_____

_____

Ist das wahr? Dient es dir wirklich?

_____

_____

_____

Stell dir vor, du feierst deinen neunzigsten Geburtstag, aber hast heute die Chance nicht ergriffen, wirklich etwas zu verändern. Auf was für ein Leben schaust du zurück? Wie fühlst sich das an?

_____

_____

_____

_____

Und jetzt stell dir vor, du triffst heute die Entscheidung, an dir und deiner Beziehungsfähigkeit zu arbeiten und deine Vision in die Tat umzusetzen. Auf was für ein Le-

ben schaust du in diesem Szenario an deinem neunzigsten Geburtstag zurück? Wie fühlst du dich?

_____

_____

_____

_____

_____

Deine Entscheidung

Frag dich: Was bist du dir wert? Welche Beziehung
hast du verdient? Und was bist du bereit, dafür zu tun?
Dass du dieses Buch in den Händen hältst, sagt mir, dass
du bereit bist, hinzuschauen und dich deiner größten
Angst zu stellen. Dafür hast du meinen vollen Respekt.
Keine andere Beziehung in unserem Leben kann so be-
ängstigend sein wie die zu unserem Partner. Freunde
sind ersetzbar, aber die Beziehung zu deinem Partner ist
eine andere. Er kann dir den größten Schmerz und die
größte Angst bereiten. Angst ist jedoch noch nie ein guter Ratgeber gewesen. Also lass dich nicht von deiner
Angst aufhalten. Hier ist ein Trick, wie du deine Angst

und innere Blockaden überwinden und dein Glück dahinter finden kannst: Wenn du in einer Situation denkst „Ich kann nicht", denke „Ich muss" oder „Wer nicht kann, muss". Dieser Satz ist natürlich nicht in allen Situationen hilfreich, aber es gibt Momente, da hält uns der Gedanke „Ich kann nicht" mehr zurück, als er uns dient. Manche Menschen fühlen sich von „Wer nicht kann, muss" getriggert. Einer Klientin von mir ging es so. Sie erinnerte sich aber später an den Satz, als es für sie darum ging, eine Blockade zu überwinden. Dieser Satz half ihr dabei und sie war hinterher sehr dankbar dafür. Also gilt in Bezug auf diesen Satz dasselbe wie bei allem, was ich hier mit dir teile: Prüfe es für dich und entscheide selbst. Ich kann dir nur raten: Stell dich deiner Angst, schau ihr mitten ins Gesicht – und du wirst feststellen, dass sie gar nicht so schlimm ist und dass dahinter emotionale Freiheit, Entspannung und Ekstase auf dich warten.

Auch ein Mensch, der wütend oder aggressiv ist, verbirgt darunter seine Angst und seinen Schmerz. Wir alle haben Angst, nicht genug zu sein. Also sei dir genug. Sei es dir wert, durch die Angst zu gehen, dich deiner Angst zu stellen. Liebe auch deinen Partner und nimm ihm seine Angst. Zeige ihm, dass er genug ist. Zeige ihm, dass du ihn bedingungslos liebst. Durch deine Liebe, Wertschätzung und Hingabe fühlt er sich stark und wirksam.

Also liebe ihn so, dass er seine männliche Energie entfalten kann.

Wichtig ist zudem, dass du dich selbst liebst und dich gut um dich kümmerst. Sorge für dein Vergnügen und mach dich glücklich – damit du dich erfüllt fühlen und überfließen kannst vor bedingungsloser Liebe zu deinem Partner und deinen Kindern.

Einer muss den Frieden beginnen, wie den Krieg. Beginnst du, deine Energie, dein Verhalten zu verändern, stehen die Chancen gut, dass auch dein Mann sich ändern wird. Du bist einflussreicher und machtvoller, als du denkst. Deine Weiblichkeit ist der Schlüssel.

„Warum immer ich?"

Vielleicht fragst du dich manchmal: Warum muss ich immer die Beziehung retten? Warum muss ich mich verändern? Der Fokus von vielen Männern bzw. der männlichen Energie ist tendenziell mehr auf die Welt gerichtet, auf das Äußere. Der weibliche Instinkt fokussiert sich in der Regel mehr auf das Innere, auf Beziehung, Sicherheit und Gefühle. Das heißt überspitzt: Baut er das Haus, kreierst du das Zuhause. Dass Frauen tendenziell einen größeren Drang nach Verschmelzung, Liebe und einer erfüllenden Beziehung haben als Männer, liegt in ihrer weiblichen Natur. Diese Sehnsucht nach Verschmelzung und Auflösung ist eine ewig weibliche. Es ist völlig normal, dass du auf Beziehungsebene mehr von ihm willst als er von dir. Erlaube dir also, hemmungslos deine Gefühle zu zeigen und deine Wünsche zu äußern. Es ist Zeitverschwendung, wenn du darauf wartest, dass er den Anfang macht. Das liegt einfach nicht in seinem energetischen „Programm". Du darfst dich ihm gegenüber hemmungslos zeigen und aussprechen, was du dir wünscht. Erlaube dir, ihn zu brauchen. Erlaube dir, „schwach" zu sein. Brich mit der Idee, dass alles 50:50 aufgeteilt werden sollte. Lass deine Hemmungen fallen und erlaube dir selbstbewusst, dich nach Liebe und Gesehenwerden zu sehnen. Das ist weiblich und sagt nichts über dich, ihn oder die Qualität eurer Beziehung aus.

Das Schöne ist, dass ein Mann in seiner Kraft, der erlebt, wie er seine Frau mit seiner bewussten Zuwendung zum Leuchten und Öffnen bringen kann, der spürt, wie er sie glücklich machen kann, wenn er sie sieht und fühlt, darin wiederum selbst Erfüllung finden kann – aber dieses Erlebnis und diese Erkenntnis kannst nur du ihm durch deine Öffnung und Hingabe ermöglichen. Also hilf deinem Mann dabei, dich glücklich zu machen und die Magie, die dadurch entsteht, zu erleben.

Zusammenfassung

In diesem Kapitel hast du gelernt, wie wichtig Bewusstheit und tiefe Erkenntnis für deine Beziehung sind. Reflektiere ehrlich, wo du stehst und wohin du möchtest. Bedingungslose Liebe und das Erkennen eurer wahren Bedürfnisse sind zentrale Elemente für Traumpaare.

2. Geheimnis:

Füll dich auf!

Warte nicht länger darauf, dass dein Mann dich glücklich macht. Damit verschwendest du nur deine Zeit. Nur du selbst kannst dich glücklich machen. Du kannst jetzt eine Entscheidung treffen: Willst du weiterhin auf ihn warten und vergeblich hoffen? Oder willst du die Verantwortung selbst übernehmen und dir die Beziehung kreieren, die dich tatsächlich erfüllt und glücklich macht?

Du wirst hier einen Weg kennenlernen, wie du die hundertprozentige Verantwortung für dich selbst übernehmen kannst. Mit diesem Buch hältst du einen konkreten Fahrplan in der Hand. Und du wirst sehen: Es ist gar nicht so schwer, wie es dir jetzt vielleicht noch erscheinen mag. Auf deiner Reise werden dir sogar viel Vergnügen und Genuss begegnen, wenn du dich darauf einlässt.

Fülle

Lange dachte ich, Fülle könnte ich herbeimeditieren oder sie würde kommen, wenn mein Mann endlich dieses und jenes tun würde oder wenn ich endlich weniger „fehlerhaft" wäre. Bis mir klar wurde, dass ich Fülle in mir habe – ich musste sie nur wahrnehmen und zulassen:

Meine Innenwelt ist Fülle.

Meine Begeisterung ist Fülle.

Meine Wünsche sind Fülle.

Mein Vergnügen ist Fülle.

Meine Kreativität ist Fülle.

Meine Familie und Freunde sind Fülle.

Meine Liebe ist Fülle.

Meine Gefühle sind Fülle.

Mein Leben ist Fülle.

Ja, auch meine Herausforderungen sind Fülle.

Fülle ist in mir selbst und nicht im Außen zu finden. Fülle entsteht nicht aus dem Mangel heraus, sondern aus dem Erkennen und Wahrnehmen dessen, was bereits in dir und deinem Leben vorhanden ist. Es gibt Menschen, die haben Milliarden von Euros auf dem Konto und fühlen sich trotzdem arm. Sie haben nie genug. Und dann gibt es Menschen, die haben kaum materielle Besitztümer und fühlen sich reich. Sie richten den Fokus auf das, was sie haben, auf ihre Familie, ihre Freunde etc. Fülle ist also eine Entscheidung. Es ist die Entscheidung, dich auf das, was da ist, zu fokussieren und nicht auf das, was fehlt.

Reflektion

Wo kannst du überall Fülle in deinem Leben finden?

_____

_____

_____

_____

Die Kraft deiner Wünsche

Deine Wünsche sind deine Energietankstelle und deine Quelle für Glück. Sie füllen dich auf, sodass du überfließen und Liebe schenken kannst. Dir deiner Wünsche bewusst zu sein und so viele wie möglich zu erfüllen (oder sie erfüllen zu lassen), bringt dich in diesen Zustand. Deshalb solltest du wissen, was du dir wünschst, und dein „Gefäß" regelmäßig auffüllen, damit du überfließen kannst in das Gefäß deiner Kinder und deiner Beziehung. Von nichts kommt nichts. Es liegt allein in deiner Verantwortung, dich glücklich zu machen, das ist nicht die Aufgabe von anderen. Doch wenn du unglücklich bist, denkt dein Mann, er kann dich nicht glücklich machen. Bist du glücklich, fühlt dein Mann sich fähig, dich glücklich zu machen. Und wenn er das denkt, wird er entsprechend handeln – er wird dich noch glücklicher machen und dir, wenn es in seiner Macht liegt, deine Wünsche erfüllen. Dich glücklich machen zu können, erfüllt wiederum ihn und macht ihn selbstbewusst und stark. Du willst einen Helden? Einen Mann in seiner Kraft? Dann übernimm die Verantwortung für dein Glück und zeige ihm, dass man dich glücklich machen kann.

Wenn du das Gefühl hast, bei deinem Mann ist das anders, dann liegt es daran, dass du …

a) … dich noch nicht selbst glücklich machen kannst (das ist am Anfang oft nicht leicht).

b) … nicht weißt oder nicht richtig kommunizierst, was dich glücklich macht/wofür du dankbar bist.

… seine Geschenke noch nicht siehst und annehmen kannst (darauf gehe ich in Kapitel „6. Geheimnis: Würdevoll empfangen" ein).

Dich selbst glücklich machen zu können, ist der Schlüssel für eine erfüllte Beziehung. Um glücklich werden zu können, musst du wissen, was du willst. Das ist oft gar nicht so leicht. Wir sind oft so stark von uns selbst entfremdet, dass wir gar nicht mehr spüren, was wir wollen. Um zu spüren, was dir Freude bereitet, was dich begeistert und was dir Vergnügen bereitet, brauchst du deinen Körper. Das Hauptsymptom von Entwicklungstrauma ist die Dissoziation vom Körper. Die Seele hat sich in der Kindheit aus dem Körper zurückgezogen, da es dort zu stressig und unangenehm war. Um dich zu spüren, musst du wieder deinen Körper und die feinen

Körpersignale wahrnehmen lernen. Dabei hilft somatisch-achtsame Übung. Nur wenn du dich spürst und weißt, was du willst und das auch klar kommunizierst, kannst du bekommen, was du dir wünschst.

Deine Seele kommuniziert mit dir über deine Gefühle, die leisen Anzeichen wie Lust, Unlust, Sympathie, Antipathie und über Enge oder Weite im Körper. Klarer wahrnehmbar sind kribbelnde Gefühle wie Begeisterung, Vorfreude oder Lust. Lerne sowohl mithilfe der lauten als auch der leisen Körpersignale immer deutlicher wahrzunehmen, was dir Energie gibt – nimm die Signale ernst. Vielleicht magst du auch noch eine Ebene tiefer gehen und deine Yoni[7] fragen, sie spürt meistens noch klarer als dein Körper, worauf sie Lust hat.[8]

---

7 Der Begriff Yoni stammt aus dem Sanskrit und bedeutet wörtlich „Quelle", „Ursprung" oder „heiliger Ort". Er wird traditionell verwendet, um die weiblichen Genitalien zu bezeichnen, insbesondere die Vulva, und ist ein Symbol für die weibliche Schöpfungskraft, Fruchtbarkeit und den Zugang zu spiritueller Energie.
8 Ich möchte dir an dieser Stelle das heilsame, befreiende und inspirierende Buch „Pussy" von Regena Thomashauer empfehlen.

UMSETZUNG: Mache einen Body-Scan. Schließe dazu die Augen und scanne innerlich langsam deinen Körper, von den Zehen bis zum Scheitel. Nimm einfach wahr, was du spürst.

Hier findest du einen geführten Body-Scan von mir als Audio:

www.ankakraetzig.de/bodyscan

Als Nächstes mache dir eine Liste mit zwanzig Wünschen. Das können Dinge sein, die dir einfach Vergnügen bereiten, deine Energie anheben und dich glücklich machen – und seien es noch so sinnlose und unwichtige Dinge. Was sie mit dir machen, ist entscheidend.

Priorisiere mindestens drei dieser Dinge in deiner Tagesplanung. Mache es zu deiner Morgenroutine, diese Liste jeden Tag neu zu erstellen. Frag dich jeden Morgen: Was will ich heute, bald oder in der Zukunft? Was wünsche ich mir? Was lässt meinen Körper heute vibrieren? Was gibt mir Energie? Nutze dazu, wenn du magst, das extra erhältliche Praxisbuch.

Deine Wünsche dürfen sowohl widersprüchlich als auch ständig wechselnd oder völlig sinnlos sein – Hauptsache, sie machen dich glücklich und schenken dir Energie. Sammle große und kleine Wünsche und lass dich dabei nicht von Gedanken beirren, die dir einreden wollen, dass deine Wünsche unerfüllbar wären. Wünsch dir einfach, was du willst, und lass alles andere los. Suhle dich in deinem Vergnügen. Erlaube dir Genuss.

Übrigens: Dein Körper kann nicht unterscheiden, ob diese Dinge tatsächlich stattfinden oder ob du nur darüber nachdenkst und sie dir vorstellst. Er erzeugt in jedem Fall Glückshormone! Also mache es zu deiner Routine, jeden Morgen deine Wünsche aufzuschreiben und dich dabei mit deinen Gedanken und Gefühlen in die Wunschsituationen zu begeben. Du wirst merken, dein ganzer Tag bekommt eine andere Energie.

Hier ist meine aktuelle Liste zur Inspiration:

– spazieren gehen

– Mittagspause allein mit Matcha Latte und Buch

– drei Monate ganz allein in einem Cottage in Schottland verbringen

– ein Open-Air-Konzert an einem Sommerabend

– ein Retreat mit Dr. Joe Dispenza

– mein Buch veröffentlichen

– Kamin anmachen, Tee trinken und ein Buch lesen

– bis Weihnachten ins neue Haus gezogen sein

- zwei Stunden jeden Morgen schreiben

- mit Freundinnen quatschen

- gärtnern

- tanzen

- Erdbeeren

- die Alpen sehen

- Vorträge halten

- schwimmen

Noch ein Tipp für deine Liste, damit du für jeden Tag etwas findest, das dir Vergnügen bereitet: Überlege dir auch kleine Wünsche wie zum Beispiel ein Stück Sahnetorte, eine Folge von deinem Lieblingspodcast hören (zum Beispiel mein Podcast: „Der Entwicklungstrauma Podcast"), ein lustiges Katzenvideo ansehen, ein Telefonat mit einem Lieblingsmenschen usw. Die zeitliche Länge ist nicht entscheidend, genauso wenig wie der Umstand, ob du allein bist oder nicht (wenn du beispielsweise kleine Kinder hast, kann es schwierig sein, Zeit für dich allein zu finden). Finde kleine Wünsche, die dir Vergnügen bereiten und die du auch gemeinsam mit Kindern machen kannst (zum Beispiel etwas Leckeres essen oder trinken, in der Sonne sein, tanzen, malen, Blumen pflücken, mit Freundinnen treffen usw.). Du wirst merken, dass das Mehr an Energie dir gefühlt auch mehr Zeit schenken wird. Um also mehr Zeit zu haben, mache als Erstes Dinge, die dir Vergnügen bereiten!

Achtung: Mach dir keinen Druck! Mit kleinen Kindern ist es manchmal einfach nicht möglich, sich alle Wünsche zu erfüllen. Wir leben immer im Spannungsfeld zwischen Ideal und Wirklichkeit. Ehre deine Wünsche aber erwarte nicht, dass alle deine Wünsche immer in Erfüllung gehen werden. Es ist jedoch entscheidend, deine Wünsche zu erkennen, damit eine Erfüllung überhaupt möglich wird. Und denk dran: Lasse immer wieder deine Absichten los! In diesem Paradoxon liegt eine große Kraft und Wahrheit: Dinge loszulassen schafft manchmal erst den Raum dafür, dass sie möglich werden können. Eine Absicht oder einen Wunsch zu formulieren und ihn dann wieder loszulassen und dadurch quasi dem Universum, Gott oder wem du willst, zu übergeben, schafft den Raum für Möglichkeiten, die dir selbst nie eingefallen wären.

Erlaube dir Vergnügen

Falls du denken solltest, dass du keine Zeit für so unwichtige Dinge wie dich und dein Vergnügen hast, lass mich diesen Glaubenssatz gleich aus deinem Programm löschen: Das ist totaler Blödsinn! Es geht nicht um die Sache an sich, sondern um die Energie, mit der sie dich erfüllt – und das ist der entscheidende Hebel in deinem Leben, wenn du „zu wenig Zeit hast", energielos oder unzufrieden bist.

Kennst du diese frustrierten und erschöpften Frauen, die Glaubenssätzen wie „Wer sich um sich selbst kümmert, ist egoistisch", „In der Sonne zu liegen ist Faulenzen und Faulenzen ist schlecht", „Erst kommt die Arbeit, dann das Vergnügen", „Ich bin nur liebenswert, wenn ich mich aufopfere" usw. folgen? Wo auch immer diese Glaubenssätze herkommen, klar ist, was sie mit Frauen machen: Sie holen Frauen aus ihrer Weiblichkeit heraus. Sie machen Frauen und ganze Familien krank und unglücklich. Gesundes Frausein und das gesunde Leben aus dem weiblichen Pol heraus bedeutet, dass dein Vergnügen wichtig ist. Vergnügen ist weiblich! Vergnügen erzeugt in dir das Gefühl von Fülle. Und wenn du erfüllt bist, fließt du über. Deine ganze Familie profitiert davon. Du strahlst Liebe aus, Dankbarkeit, Wertschätzung, Glück und Empfänglichkeit – und die Welt liegt dir zu Füßen. Überfließende Weiblichkeit ist magnetisch und beglückend für die Empfänger. Weiblichkeit empfängt und genießt. Also noch mal: Mach dich selbst glücklich und du machst automatisch andere glücklich, die dich dann wiederum noch glücklicher machen wollen und glücklich sind, weil sie dich glücklich machen können. Kommt der Gedanke langsam an?

Und wenn Schuldgefühle oder Scham auftreten: Gefühle werden durch Gedanken ausgelöst. Also hör auf zu denken, du wärst faul, dumm, schwach oder Ähnliches. Du willst zu deinem weiblichen Pol finden? Dann sind Sinnlichkeit und Vergnügen dein Recht und deine Aufgabe! Wenn du nicht erfüllt bist, nicht glücklich und entspannt, belastest du damit deine Familie. Deine Kinder fühlen, dass es dir nicht gut geht und fühlen sich automatisch schuldig – weil Kinder alles auf sich beziehen. Willst du das? Das ist kein schöner Gedanke, aber es ist mir wichtig, dass du verstehst, wie essenziell es ist, dass du dich gut um dich kümmerst. Das ist alles andere als egoistisch.

Grenzen setzen

In diesem Kapitel möchte ich über das Setzen von Grenzen sprechen. Ich möchte dir unterschiedliche Ansätze dafür vorschlagen, je nachdem, ob es sich um Grenzziehung gegenüber deinen Kindern oder deinem Mann handelt. Bitte prüfe, was für dich passend ist.

a) Kindern Grenzen setzen und sie schützen

Kindern Grenzen zu setzen, beginnt mit einer klaren Ansage: „Ich mache jetzt eine halbe Stunde etwas für mich und möchte nicht gestört werden. Danach bin ich wieder für euch da." Wenn dann trotzdem jemand in deine Me-Time platzt, sagst du „Nein, ich kann nicht" und schickst denjenigen wieder weg. Du schützt deine Grenze, deinen persönlichen Raum. Und jetzt kommt die Herausforderung: Grenzen zu setzen erzeugt Spannung. Du musst nun üben, die Spannung auszuhalten, die durch dein Nein in dir und im anderen entsteht. Du darfst das dem anderen zumuten (es sei denn, es handelt sich beim anderen um ein Kleinkind).

An dieser Stelle kommen oft Bindungstraumata hoch. Für viele Menschen bedeutet, sich um sich selbst zu kümmern und die eigenen Grenzen abzustecken, Kontaktabbruch und der wiederum erzeugt Angst. Dieser Kontaktabbruch triggert eine alte Furcht im System. Da kommt die Angst aus der Kindheit hoch, von den Eltern verlassen zu werden und allein zu sterben. Viele Menschen sind zu früh zu einer Trennung von ihren Eltern gezwungen worden und konnten keine gesunde Objektpermanenz entwickeln. Darunter versteht man die Fähigkeit, trotz physischer Distanz in Verbindung miteinander zu bleiben und zu wissen, dass der andere nicht komplett aus deinem Leben verschwindet, nur weil er um die Ecke geht oder das Haus verlässt.

Andere Frauen spüren ihren Raum überhaupt nicht oder leiden unter folgender Diskrepanz: Einerseits können sie den eigenen Raum nicht fühlen, andererseits fühlen sie sich eingeengt, wenn ihnen ein Raum oder eine Grenze gegeben wird. Manche Frauen meinen auch, sie hätten gar kein Recht auf einen eigenen Raum oder fragen sich, was sie in einem solchen anfangen sollen. Grenzen zu setzen erzeugt daher in vielen Frauen eine große innere Spannung. Es führt jedoch kein Weg daran vorbei, dass dein Nervensystem lernt, diese Spannung auszuhalten.

Es kann vorkommen, dass du beispielsweise meditieren willst und es vor lauter Spannung nicht klappt. Dann versuche so lange wie möglich, diese Spannung in deinem Körper wahrzunehmen und zu halten. Wenn du es nicht mehr aushältst, lenke dich ab und versuche, die Zeit, die du dir selbst zugeteilt hast, abzuwarten. Das ist auch für deine Mitmenschen wichtig, damit sie lernen, deine Grenzen zu respektieren. Sobald sich alle daran gewöhnt haben, wirst du ungestört und entspannt deine Me-Time haben können – ohne Spannung.

Es ist wichtig, dass du dich um dich kümmerst. Das braucht einen hohen Stellenwert in deinem Leben. Es ist deine Verantwortung. Setze klare Grenzen und schütze deinen Raum. Ja zu dir selbst zu sagen, ist essenziell für ein glückliches und erfülltes Leben in der Paarbeziehung und in der Familie. Ob du erfüllt genug bist, ob du dich genug um dich selbst gekümmert hast, erkennst du daran, wie deine Stimmung ist. Bist du schlecht gelaunt, gereizt, ist dein Herz verschlossen? Dann hast du dich nicht genug um dich selbst gekümmert und dein Gefäß ist nicht voll. Also überlege, was dir guttun und dich aufladen könnte, schreib deine Wünsche-Liste und tu etwas zu deinem Vergnügen.

b) Deinem Mann Grenzen setzen?

Meinem Mann Grenzen zu setzen, fühlt sich für mich nicht ganz stimmig an. Grenzen zu setzen, repräsentiert eher eine männliche Energie. Wenn du deinem Mann eine Grenze setzt, erzeugst du dadurch eine Art Abstoßung im Sinne der Polarität. Du bist dann nicht mehr offen und empfänglich für ihn.

Trotzdem gibt es Momente, in denen du Zeit für dich brauchst oder spürst, dass du deine Gefühle erst für dich klären möchtest, bevor du weiter mit ihm darüber sprichst. Für solche Situationen möchte ich dir Folgendes vorschlagen: Bleibe auch hier bei deiner inneren Wahrheit. Zum Beispiel könntest du sagen: „Ich befinde mich gerade in einem inneren Konflikt. Ich möchte gerne für dich da sein, aber gleichzeitig merke ich, dass ich es momentan nicht gut kann, weil ich noch xy machen wollte. Was denkst du, was ich jetzt tun soll?"

Auf diese Weise schilderst du ihm dein Problem, bist transparent, aber du triffst keine Entscheidung und gehst nicht in die männliche Energie. Stattdessen gibst du ihm die Freiheit, eine Entscheidung zu treffen, und zeigst damit gleichzeitig dein Vertrauen, dass er die Situation gut einschätzen und eine angemessene Entscheidung treffen wird.

Er hat dann die Möglichkeit, entweder sich selbst eine Grenze zu setzen und dir die Zeit zu geben, die du brauchst, oder zu entscheiden, dass du warten musst, weil sein Anliegen gerade wichtiger ist. In jedem Fall kannst du dich dann entspannt in die Situation einfügen. Wenn seine Entscheidung für dich nicht machbar erscheint, kannst du erneut kommunizieren, wie du dich fühlst. Gib ihm so viele Informationen wie möglich, damit er eine fundierte Entscheidung treffen kann.

Und wenn sich seine Entscheidung für dich weiterhin nicht stimmig anfühlt, kannst du natürlich immer noch bewusst entscheiden, doch deine Grenze zu setzen. Entscheide in jedem Moment, was sich für dich richtig und authentisch anfühlt.

Den emotionalen Zustand verändern

Unser emotionaler Zustand wird durch drei Komponenten ausgedrückt:

1. unsere Körperhaltung,

2. unseren Fokus,

3. unsere Sprache.

Möchtest du deinen Zustand verändern, gelingt das, indem du die drei Komponenten veränderst. Probiere es doch mal aus: Lass den Kopf hängen, knick im Brustbein ein und lass die Schultern sinken. Wie fühlst du dich? Bestimmt nicht voller Energie und Fröhlichkeit, oder? Nun denk noch zusätzlich negativ über dich oder das Leben. Wird die Stimmung besser? Wohl kaum. Und jetzt sprich einmal mit leiser Stimme und verwende dramatische Sätze wie „Es macht alles keinen Sinn mehr", „Das gibt mir den Rest", „Warum passiert mir das immer?". Und, was macht deine Laune?

Jetzt richte dich auf. Kopf hoch, Brust raus, Schultern zurück. Wie fühlst du dich jetzt? Und dann denk an etwas Schönes. Wie verändert sich deine Stimmung? Und nun sag mit lauter Stimme: „Ich bin die Königin der Welt!", „Alles ist möglich!", „Ich werde geliebt!" oder „Ich bin pure Ekstase und Energie!". Wie geht's dir jetzt?

UMSETZUNG: Überlege dir einen Power-Satz. Und wenn du mal wieder in einer schlechten und energielosen Stimmung sein solltest, dann verändere

1. deine Körperhaltung,

2. deinen Fokus und

3. sage deinen Powersatz mit kräftiger Stimme so lange, bist du dich wieder kraftvoll und positiv fühlst.

Ein weiterer Tipp: Wenn du an einem Problem zu verzweifeln drohst, dann versinke nicht in dem Gefühl der Überforderung oder Ohnmacht, sondern denke einfach: „Interessant!"

Zusammenfassung

Du weißt jetzt, dass dein eigenes Glück und deine Zufriedenheit die Grundlage für eine erfüllte Beziehung sind. Erfülle deine Wünsche und Bedürfnisse so gut du kannst selbst, setze klare Grenzen und lerne, schnell deinen emotionalen Zustand zu verändern.

3. Geheimnis:

Respekt

Der Respekt einer Frau kann einem Mann in seine wahre Größe und Kraft verhelfen. Studien zeigen, dass Männer in romantischen Beziehungen oft mehr Wert auf Respekt legen als auf andere emotionale Bedürfnisse. Ein bekanntes Werk, das dies thematisiert, ist „Love and Respect" von Dr. Emerson Eggerichs. Seine Forschung zeigt, dass Frauen primär nach Liebe suchen, während Männer Respekt als das höchste Gut betrachten. Wenn Männer das Gefühl haben, nicht respektiert zu werden, kann das zu tiefen emotionalen Verletzungen führen, die sich auf die Beziehung auswirken.

Das Selbstwertgefühl von Männern ist häufig stark mit dem Empfinden von Respekt verknüpft. Der Psychologe Willard Harley, Autor von „His Needs, Her Needs", betont, dass Männer oft das Bedürfnis haben, von ihrer Partnerin als kompetent, stark und zuverlässig wahrgenommen zu werden. Respekt wird in diesem Zusammenhang als eine Art Bestätigung dieser Eigenschaften angesehen und trägt wesentlich zum emotionalen Wohlbefinden des Mannes bei.

In der Forschung zu Geschlechterunterschieden gibt es klare Hinweise darauf, dass Männer oft weniger auf verbale Zuneigung reagieren als auf Handlungen, die ihren Status und ihre Fähigkeiten würdigen. In einer Studie des Psychologen Shaunti Feldhahn („For Women Only") gaben Männer an, dass sie sich in Konflikten eher missverstanden fühlen, wenn sie glauben, ihre Partnerin respektiere sie nicht oder hinterfrage ihre Entscheidungen und Fähigkeiten. Solche Missverständnisse führen oft zu Frustration und Distanz.

Auch der Kommunikationsstil von Männern zeigt oft, dass sie Respekt als Ausdruck von Anerkennung und Wertschätzung wahrnehmen. Laut einer Studie der Psychologen Deborah Tannen und John Gray neigen Männer eher dazu, durch Respekt in der Kommunikation Nähe zu empfinden. Sie reagieren besonders empfindlich darauf, wenn sie in Situationen sind, in denen sie sich herabgesetzt oder missachtet fühlen.

Es ist also ein guter Einstieg in die Umsetzung dieses Geheimnisses, wenn du deinem Mann sagst, dass du zu der Erkenntnis gekommen bist, dass du ihn manchmal nicht respektvoll behandelt hast und dass du nun üben möchtest, respektvoll(er) zu sein. Allein das wird er lieben. Du kannst ihn auch darum bitten, dich darauf aufmerksam zu machen, wenn er das Gefühl hat, dass du respektlos warst.

Da der mangelnde Respekt, das Misstrauen und die Verachtung Männern gegenüber tief in uns Frauen bzw. im weiblichen Feld verankert sind, kann es anfänglich herausfordernd sein, immer respektvoll zu sein. Aber es lohnt sich, deinen Respekt ihm gegenüber wieder aufzubauen und ihm dein Vertrauen zu schenken. Es ist für das Mannsein von fundamentaler Bedeutung, dass der Mann sich von seiner Frau respektiert fühlt. Fühlt er sich nicht respektiert, wird er abweisend, aggressiv oder zieht sich zurück. Außerdem entzieht es ihm Energie, er wird „schwach". Es passiert natürlich jedem einmal, dass man in einem geschwächten Energiezustand ist – wir haben alle mal einen schlechten Tag. Als Frau kannst du deinem Mann dann aus dieser „Schwäche" helfen, indem du respektvoll und wertschätzend bleibst und nicht in die fordernde, meckernde Mutterrolle verfällst. Das ist nicht immer leicht, ich weiß, da es uns Frauen aggressiv machen kann, wenn der Mann schwächelt. Bei vielen Frauen kommt in solchen Fällen auch Verachtung hoch.

Was da hilft ist, dass du dich auf etwas Positives fokussierst, dich gut um dich kümmerst und dich in bedingungsloser Liebe übst.

Ein kleiner Tipp: Selbst wenn du diesen Respekt (noch) nicht (wieder) fühlen kannst, tu so als ob. Gib dir Zeit, dass sich das Gefühl wieder einstellen kann. Auch dein vorgetäuschter Respekt bringt ihn in einen kraftvolleren Zustand als deine Kritik, sodass es dir danach leichter fällt, ihn tatsächlich wieder zu respektieren.

Und hier der allerwichtigste Grund, warum du respektvoll sein solltest: Dein Respekt ihm gegenüber weckt in ihm den natürlichen Wunsch, dich zu beschützen und glücklich zu machen. So einfach kann es sein. Mir wurde das von verschiedenen Männern und Männercoaches bestätigt: „Sag mir, wie toll ich bin, und ich fühle mich stark."

Ladys, das kriegen wir hin! Überwindet euch! Ein Mann in seiner Kraft, der dir sein Bewusstsein und seine aktive Liebe schenkt – wer würde das nicht wollen und sich dafür ein wenig aus der Komfortzone wagen?

Was genau heißt es, respektvoll zu sein?

Respektvoll zu sein bedeutet, dass du, selbst wenn du nicht seiner Meinung bist, seine Ansichten, Herangehensweisen, seinen Rat und seine Entscheidungen respektierst, ihn nicht kritisierst, ihm nicht widersprichst, nicht mit den Augen rollst, ihn nicht belehrst und nicht abtust, was er sagt. Stattdessen bleibst du achtsam, offen und empfänglich, schenkst ihm dein Vertrauen und trägst in dir die Gewissheit, dass er fähig ist, selbst zu denken und die Entscheidungen für sein Leben (und euer gemeinsames) zu treffen. Wie er zu seinen Ergebnissen kommt, unterscheidet sich oft von der Vorgehensweise, die du als Frau wählen würdest. Akzeptiere das, lass ihn seinen Weg finden und lass los.

Bevor hier Missverständnisse auftreten, möchte ich noch einmal betonen: Es geht nicht darum, zu allem Ja und Amen zu sagen und dich zu verbiegen oder irgendetwas von dir zu unterdrücken. Vielmehr geht es darum, wie du wann was kommunizierst. Denk an die Magie deiner Wünsche!

Der Grad an Respekt, den du deinem Mann entgegenbringst, bestimmt den Grad an Leichtigkeit, Glück und Intimität, der zwischen euch herrscht. Fühlt er sich von dir respektiert, löst das in ihm den natürlichen Wunsch aus, dich glücklich machen zu wollen. Es liegt in deiner Hand.

Sei demütig

Ich muss gestehen, es gab Zeiten in meinem Leben, in denen ich dachte, ich wäre schlauer als mein Mann und wüsste es besser – und das habe ich auch deutlich gemacht. Inzwischen habe ich mich so viel mit dem menschlichen Gehirn beschäftigt, mit der Filter- und Bewertungsinstanz in unserem Gehirn und mit unserer selektiven Wahrnehmung, dass ich inzwischen voller Überzeugung sagen kann: Ich weiß, dass ich nichts weiß. Klar, ich habe Ideen und Konzepte, ich habe Wissen und Wahrheiten, aber ich würde heute nie mehr behaupten, dass meine Wahrheit DIE Wahrheit ist, sondern ich spreche nur noch von meiner momentanen Wahrheit, meiner momentanen Realität. Diese Demut lebe ich inzwischen (bis auf gelegentliche Ausrutscher) nicht nur in meiner Ehe.

Besonders wenn es um unsere Kinder geht, lasse ich mich manchmal zu dem Gedanken hinreißen, ich sei als ehemalige Waldorfpädagogin in diesen Belangen „Expertin". Auf diesem Gebiet war und ist es keine leichte Übung, mein vermeintliches Besserwissen loszulassen und auch hier demütig anzuerkennen, dass mein Mann seine Wahrheit, seinen Weg und seine Fähigkeiten hat, die teilweise anders sind als meine.

Auf energetischer Ebene führt Besserwisserei zu einem Gegeneinander statt einem Miteinander. Es dient dir und deinem Wunsch nach inniger Verbundenheit mit deinem Mann also mehr, wenn du einfach respektvoll und demütig bleibst, selbst wenn du den Eindruck hast, du wüsstest es besser. Er wird seinen Weg schon finden. Verkneife dir die kurze Befriedigung deines Egos und schenke deiner und seiner Seele Frieden und Verbundenheit – davon habt ihr beide eindeutig mehr. Anders gesagt: Willst du recht haben oder willst du Intimität? Es ist ein erhabeneres Gefühl, aus einer Haltung der Demut und des Respekts heraus zu schweigen und zuzuhören, den anderen wirklich in sich aufzunehmen, als das „Wer-hat-mehr-recht"-Spiel des Egos zu spielen und die Intimität einzubüßen.

Warum streiten sich nicht lohnt

Unser Unterbewusstsein bildet sich hauptsächlich in unseren ersten Lebensjahren aus. Es zieht Schlüsse aus unseren Erfahrungen in Form von Überzeugungen und Erwartungen und stimmt zukünftig seine Bewertungen und Reaktionen darauf ab. Diese frühe „Programmierung" des Unterbewusstseins bleibt unser Leben lang relativ statisch und beeinflusst zu einem großen Teil unsere Entscheidungen und unser Verhalten im Leben.

Im Unterbewusstsein befindet sich das limbische System. Es besteht aus dem Dominanz-, dem Stimulanz- und dem Balancesystem und hat die wichtige Aufgabe, das Gleichgewicht zwischen diesen drei Systemen zu halten. Es spielt eine wichtige Rolle bei der Steuerung von Emotionen, Gedächtnisprozessen und der Auslösung von Verhaltensreaktionen. Zentral im limbischen System sitzt eine Filterinstanz, die alles, was über die Sinne auf uns einströmt, auf „Kompatibilität" hin überprüft und bewertet. Was in unser bestehendes Wissens- und Erfahrungsnetz passt, wird integriert. Was nicht passt, wird verzerrt, vereinfacht und angepasst. Was die innere Balance gefährden könnte, wird ausgeblendet, bevor es überhaupt in unser Bewusstsein dringen kann.

Daher ist das limbische System der heimliche Lenker im Hintergrund und der Grund dafür, dass wir nicht „die" Realität, sondern immer nur unsere Realität sehen. Jeder lebt in seiner „Blase". Diese Blase hindert uns oft daran, wahrzunehmen, wie sich das Leben wirklich zeigt. Wir sind in unserer Vorstellung und unseren Erwartungen gefangen.

Ein Streit ist nicht sinnvoll, weil alles, was wir tun können, ist, zuzuhören und uns in die Realität und Wahrheit des anderen hineinzufühlen und ihn zu verstehen. Genauso können wir natürlich versuchen, unsere Wahrheit und Realität zum Ausdruck zu bringen. Wir können gemeinsame Wahrheiten und unterschiedliche Wahrheiten feststellen. Mehr geht nicht. Es gibt kein Richtig oder Falsch, genauso wenig, wie es „die" Wahrheit und „die" Realität gibt. Wie der persische Mystiker Rumi gesagt haben soll: „Hinter Richtig und Falsch liegt ein Land – dort treffen wir uns". Mich hat diese Erkenntnis sehr demütig gemacht und ich habe erkannt, dass ich nie wirklich sicher sein kann, dass meine Meinung oder mein Wissen wahr ist. Meine langjährige Achtsamkeitspraxis hat jedoch meine Bewusstheit und Wahrnehmung so weit geschult, dass ich heute gut wahrnehmen kann, welche inneren Anteile in mir aktiv sind. Ich möchte dich daher einladen, deine Wahrnehmung zu schulen, anstatt dir eine Meinung zu bilden.

Stell dir mal vor, du läufst durch einen Wald. Wenn du kein geschultes Auge hast und dich nicht mit Pflanzen, Bäumen und Tieren auskennst, wirst du nur grüne Bäume, Pflanzen und „Unkraut" wahrnehmen. Hast du jedoch wie ich das Glück, einen Wildnispädagogen zum Mann zu haben, der dir zeigen kann, wie die Landschaft aussieht, wenn Marder sich dort eingerichtet haben, oder wie ein Eichhörnchen einen Zapfen im Vergleich zu einer Maus abnagt oder wie unterschiedlich Tiere Nüsse aufmachen, dann beginnst du plötzlich, viel mehr zu sehen und zu verstehen. Dann werden aus „Unkräutern" Heilpflanzen und aus Kothaufen Losungen, die dir viel über das Leben im Wald erzählen.

Durch meine Erfahrung, mein Wissen und meine somatisch geschulte Wahrnehmung kann ich daher andere Menschen sehr gut wahrnehmen und verstehen. Ich „sehe" ihre Abwehrmechanismen und Überlebensstrategien, ihre Wunden und ihr Lebensgefühl – genauso wie ihr Potenzial! Ich sehe, wie sich das Leben in uns allen zeigt und warum wir gewisse Herausforderungen haben. Menschliches Verhalten, menschliches Sehnen, ja, der menschliche Schmerz ergeben immer Sinn. Diesen Sinn kann ich sehen, weil ich das Menschsein und Menschwerden studiert habe und immer noch studiere – so wie ein Wildnispädagoge ständig die Natur studiert. Aber trotz meines Wissens und meiner geschulten Bewusstheit und Wahrnehmung kann ich mir nie zu hundert Prozent sicher sein, dass meine Wahrnehmung der Dinge und Menschen tatsächlich stimmt. Daher ist eine fragende, demütige, ehrliche und offene Kommunikation der Schlüssel für tieferes Verständnis und Verbundenheit.

Schweigen ist Gold

Es hat etwas sehr Magisches, wenn du deinem Mann einfach nur zuhörst, ohne ihn zu unterbrechen. Oft kommen nach Denkpausen erst die richtig spannenden Dinge. Also versuche, nicht in die Pausen hineinzureden. Bedenke, dass das männliche Gehirn linear denkt. Er denkt also weiter nach und immer tiefer. Wenn du geduldig wartest oder innerlich bis zehn zählst, wird er sich dir immer offener und reflektierter mitteilen.

Hast du jedoch trotzdem den Drang, etwas zu sagen, weil deine Meinung eine ganz andere ist als seine und du für dich entschieden hast, dass es wichtig ist, ihm dies mitzuteilen, dann tue es nicht, indem du ihm widersprichst, sondern indem du demütig bleibst und ihn um Erläuterung seiner Meinung bittest. Du kannst deiner Verwirrung oder Unsicherheit Ausdruck verleihen und einfließen lassen, dass du über die jeweilige Sache bisher ganz anders gedacht hast. Du kannst auch sagen, was du über ein bestimmtes Thema zu wissen dachtest, aber immer mit der demütigen Haltung und dem Hintergrundwissen, dass es keine objektive und allgemeingültige Wahrheit und Realität gibt. Auf diese Weise wird er sich nicht angegriffen fühlen und ihr bleibt in Verbindung.

Männer kommen anders zu ihrer Meinung als Frauen. Die Meinung von Männern ist viel enger mit ihrem Selbstbild verknüpft, als das bei Frauen der Fall ist. Frauen brauchen häufig nicht viele Infos, um sich eine Meinung zu bilden. Sie können sie dementsprechend auch relativ schnell wieder loslassen oder ändern. Männer sammeln mehr Infos, bevor sie sich eine Meinung bilden. Ihre Meinung ist eng mit ihnen Selbst verbunden. Die Meinung eines Mannes in Frage zu stellen, bedeutet für ihn also, dass er als ganzer Mensch in Frage gestellt wird. Du tätest also gut daran, seine Meinung und damit ihn möglichst wenig in Frage zu stellen.

Beziehungsräume achten

Die Qualität deiner Beziehung hängt davon ab, wie bewusst du wahrnehmen kannst, wo du aufhörst und wo dein Mann anfängt.

a) Der gemeinsame Familienraum

Eine Gefahr sehe ich darin, dass Eltern denken, sie müssten von Anfang an alles 50:50 aufteilen. Diese Herangehensweise geht für mich völlig an der energetischen und natürlichen Realität vorbei. Manche halten das für altmodisch und überholt. Entscheiden müsst ihr natürlich selbst, was sich für euch stimmig anfühlt. Meine Gedanken dazu sind: Babys wachsen neun Monate im Bauch ihrer Mutter heran. Sie wachsen in das Nervensystem ihrer Mutter hinein, sie sind Teil davon. Sie kennen instinktiv ihren Gemütszustand, ihren Herzschlag, ihre Atmung. Die Mutter ist etwas beruhigend Bekanntes, ist „Zuhause". Hier ist Sicherheit, Co-Regulation und Nahrung. Das erste Jahr nennt man die Mutter-Kind-Dyade. Der Vater sollte vor allem für die Mutter da sein, damit sie wiederum voll für das Baby da sein kann (und in Ruhe schlafen, duschen und essen kann).

Ab dem ersten Lebensjahr beginnt die Triade, das bedeutet, das Kind wird fähig, zusätzlich eine Bindung zum Vater einzugehen. Der Vater wird nun zunehmend wichtig für das Kleinkind. Je mobiler es wird und je mehr es beginnt, die Welt zu entdecken, desto stärker wird es auf den Vater schauen. Wo die Mutter das Zuhause ist, ist der Vater die Welt. Er lebt vor, dass man auch irgendwann getrennt von der Mutter existieren kann. Er steht für Abenteuer und Entdeckungstouren, Spiel und Spaß. Er macht dem Kind Mut, fordert es heraus und stärkt ihm den Rücken. Er fängt es auf und sorgt für seine Sicherheit.

Diese polaren Seelenqualitäten politisch-wirtschaftlich motiviertem 50:50-Denken zu opfern, bringt mehr Disharmonie und Entfremdung in Familien, als es zu einem entspannten und glücklichen Familienleben führen würde. Kinder zeigen das ganz deutlich um das erste Lebensjahr herum, indem sie protestieren, wenn der Vater der Mutter zu nahe kommt. Er steht für die Ablösung von ihr und da erscheint es dem Kind als „falsch", wenn er plötzlich an ihr klebt.

b) Die Beziehungsräume

So wie die Eltern einen gemeinsamen Beziehungsraum haben, hat jedes Elternteil seinen eigenen Beziehungsraum mit jedem Kind. Damit ist der individuelle Raum zwischen zwei Menschen gemeint, die einen gemeinsamen Umgang miteinander gestalten. Ein solcher Beziehungsraum hat eine Grenze. Das heißt, der Beziehungsraum von deinem Mann und deinem Kind ist eine Grenze für dich. Was dein Mann mit seinem Kind in ihrem gemeinsamen Beziehungsraum macht, liegt in seiner Verantwortung als Erwachsener. Du solltest dich da nicht einmischen. Dein ungefragtes Eindringen in diesen Raum stört die Beziehung der beiden und ist respektlos. Ich weiß, das ist schwer! Lerne trotzdem Impulskontrolle und Selbstregulation. Wenn es dir zu schwer fällt zuzuschauen, schaffe Abstand. Kümmere dich um dich selbst.

„Aber wenn ich danebenstehe und sehe, dass es gleich eskaliert?", fragen mich meine Klientinnen immer wieder. „Darf ich mich dann auch nicht einmischen?" Du hast natürlich immer eine Wahl, aber rein energetisch gesprochen: Nein, „darfst" du nicht. Es sei denn, ihr habt vorher eine Verabredung getroffen, dass du in so einem Fall fragen darfst, ob er deine Hilfe möchte, damit sein Nervensystem Zeit bekommt, sich wieder zu beruhigen. Und wenn du trotzdem entscheidest, ungefragt oder unerlaubt einzugreifen, dann tu es in dem Bewusstsein, dass du eine Grenze überschreitest. In einem solchen Fall wäre es hinterher angebracht, sich dafür zu entschuldigen, deine Gefühle mitzuteilen und deinen klaren und konkreten Wunsch zu formulieren.

c) Sein individueller und beruflicher Raum

Dieser ist natürlich ebenso eine Grenze für dich. Achte seinen Raum und gib ihm das Vertrauen, dass er in seinen Räumen seine eigenen Entscheidungen treffen kann und seinen eigenen Weg findet. Er braucht keinen ungefragten Rat von dir, keine Kritik oder Belehrungen. Wenn er dir davon erzählt, höre aufmerksam zu und übe dich im Zuhören und in Zurückhaltung, wie in Kapitel beschrieben.

d) Sein Pol in eurer Beziehung

Wenn eure Beziehung ein Mensch wäre, dann wäre er bei einer polaren Beziehung der Kopf/das Bewusstsein und du das Herz/das Gefühl. Der männliche Pol ist auf Denken fokussiert. Denke nicht für ihn. Suche keine Lösungen für ihn. Triff keine Entscheidungen für ihn. Um Lösungen zu finden und Entscheidungen zu treffen, braucht es männliche Energie. Überlasse das hauptsächlich ihm in eurem gemeinsamen Beziehungsraum. Lass dich in den weiblichen Pol fallen und kenne deine Wünsche, fühle, genieße und empfange und werde verletzlich. Versuche nicht, alles selbst zu machen, sondern mach es dir leicht und bitte um Hilfe. Er wird sich freuen, dein Held sein zu können. Ein „Ich weiß nicht was ich tun soll, kannst du mir helfen?" bringt ihn in seine männliche Energie und er wird dir voller Stolz versuchen zu helfen. Der Grad eurer Intimität auf allen Ebenen hängt davon ab, wie verletzlich du dich machen kannst, wie gut du deine Gefühle wahrnehmen und ausdrücken kannst. Mehr dazu in den folgenden Kapiteln.

e) Dein persönlicher Raum

Mache dir deinen persönlichen Raum bewusst, fülle, pflege und schütze ihn. Erfülle dir deine Wüsche, pflege dein Vergnügen und mach dich selbst glücklich. Lade deine Energie auf und achte darauf, dass dein Energietank immer gut gefüllt ist. Sorge dafür, dass du überfließen kannst in deine Familie und die Räume, die du mit ihnen teilst. Versuche zu verhindern, dass deine Kinder oder dein Mann dein „Gefäß" stören, es zu sehr leeren oder verhindern, dass du es auflädst. Dazu gehört nicht nur, Ja zu dir selbst zu sagen und Nein zu anderen und die daraus entstehende Spannung auszuhalten, bis alle gelernt haben, deinen persönlichen Raum zu ehren. Dazu gehört auch, Aufgaben und die Kontrolle über Unkontrollierbares abzugeben. Dein persönlicher gefüllter Raum ist das Allerwichtigste, damit sich die Magie der Geheimnisse von Traumpaaren ohne Trauma entfalten kann!

Fokussiere dich auf das Positive

Dankbarkeit bringt dir mehr von dem, was du dir wünschst, als Mangeldenken. Unsere Gehirne sind dafür gemacht, überall das Negative, das potenziell Gefährliche wahrzunehmen. Und so sind wir auch als (Ehe-)Frauen oft darauf fokussiert, was uns alles fehlt, was dem Partner alles fehlt, was er alles falsch oder überhaupt nicht macht. All das erzeugt in uns ein Gefühl von Unsicherheit und Mangel. Sicherheit und Fülle sind dementsprechend zwei große, oft unerfüllte Bedürfnisse von Frauen.

Der evolutionäre Fokus auf Fehler hat einen hohen Preis: Er erzeugt das Gegenteil von dem, was wir uns wünschen. Unsere Kritik, unsere Enttäuschung und unsere Forderungen können dazu führen, dass der Mann sich verschließt und zurückzieht. Wie gesagt, dein Mann will dein Held sein, er will von dir gelobt und respektiert werden. Das kann er aber nicht, wenn du ihm ständig vorhältst, was alles fehlt oder nicht passt. Letzten Endes fühlt er sich dann unfähig und nicht gut genug. So machst du aus einem Prinzen einen Frosch. Aus dem Mangel heraus kann niemand überfließen.

Anstatt zu meckern, ihn zu kritisieren, zu kontrollieren oder Forderungen zu stellen und einen Keil zwischen euch zu treiben, fokussiere dich auf das, was da ist. Richte deinen Fokus auf all die Dinge, die er für dich, für eure Familie tut – und danke ihm dafür. Hör auf, all das für selbstverständlich zu halten und immer mehr zu fordern. Das Magische an dieser veränderten inneren Ausrichtung ist nicht nur, dass du ihn dadurch in seine Kraft bringen kannst, sondern auch, dass du selbst glücklicher und positiver wirst, dass du Fülle tatsächlich fühlen kannst, und vor allem, dass du entdecken kannst, was für ein toller Mensch dein Mann eigentlich ist. Und damit hast du den Schlüssel in der Hand zu einer Beziehung mit deinem Traummann. Alles, was es dafür braucht, ist dein Perspektivwechsel. Die Magie passiert dann von ganz allein.

UMSETZUNG: Um deinen Fokus zu verändern, mach dir eine Liste mit allem, wofür du dankbar bist, von allem, was in deinem Leben und in eurer Beziehung bereits vorhanden ist. Finde jeden Tag zehn Dinge, für die du (ihm) dankbar bist und die schon so sind, wie du es dir wünscht. Versuche, dich mindestens drei Mal am Tag bei ihm für etwas zu bedanken. Mach dir bewusst und erinnere dich immer wieder daran: Deine Dankbarkeit und deine Wünsche sind viel machtvoller als deine Kritik oder deine Forderungen. Mit deiner Dankbarkeit oder auch deinem Lob (Männer lieben es, gelobt zu werden!) zeigst du ihm, dass er dich glücklich machen KANN. Und das gibt ihm die Zuversicht, es auch zu tun. Mit Kritik und Forderungen kommst du nicht da hin, wo du in deiner Beziehung hinwillst. Kritisierst du ihn, verschließt er sich, zieht sich zurück und wird „schwach". Dankbarkeit ist sehr kraftvoll. Also teile ihm deine Dankbarkeit und Freude mit und er wird mehr von dem tun wollen, was dir Freude bereitet. Das ist polarer Magnetismus.

Du hast die Wahl zwischen trennenden, kritischen Gedanken oder verbindenden Gefühlen. Wie gesagt: Du bestimmst über die Qualität und Intimität eurer Beziehung. Für hundertprozentige Eigenverantwortung und Selbstführung brauchst du deine geheilte männliche Energie. Wenn du sie noch nicht in dir finden oder halten kannst, dann geht es dir wie vielen anderen Frauen.

Selbstverantwortung und Selbstführung werden leider nicht in vielen Elternhäusern und Schulen gelehrt. Frauen diese Fähigkeiten beizubringen und ihnen bei der Transformation ihrer Entwicklungs- und Bindungstrauma zu helfen, dafür bin ich da. Daher hole dir gern ein kostenloses Vorgespräch für eine individuelle Prozessbegleitung und lass dich professionell dabei unterstützen, deinen männlichen Pol in dir zu integrieren und dich wirklich in deine magische Weiblichkeit fallen lassen zu können.

Wenn du gerade nicht anders kannst, als ihn zu kritisieren

Wenn dir etwas gehörig gegen den Strich geht, deine Emotionen dich kopflos machen und du gerade nicht anders kannst, als zu meckern und zu kritisieren, dann mache das nicht bei ihm und zerstöre die Intimität zwischen euch, sondern nutze das gesondert erhältliche Praxisbuch oder rufe eine Freundin an. Lass dort raus, was dich ärgert, und finde dann deinen darunter liegenden Wunsch heraus. Diesen dich persönlich betreffenden Wunsch kannst du dann deinem Mann mitteilen, ohne „du" oder „wir" zu verwenden. Denk daran: Hinter jeder Unzufriedenheit und hinter jeder Kritik steckt ein tiefer liegender Wunsch. Die Kunst liegt darin, ihn zu identifizieren und wenn nötig respektvoll deinem Mann gegenüber zu äußern.

Konntest du dich nicht rechtzeitig regulieren und bist ihm gegenüber doch respektlos geworden, dann

a) entschuldige dich hinterher dafür und

b) übe dich weiter in Selbstregulation und Impulskontrolle und lerne, starke Gefühle im Körper zu halten.

Zuhören statt „helfen"

Meinem Mann einfach zuzuhören, fiel mir lange nicht leicht. So viele Assoziationen, Bewertungen oder Trigger stiegen dabei in mir auf – und die wollten raus, die „musste" ich ihm mitteilen.

Und so drehte sich die Situation schnell von einem „Er erzählt und ich höre zu" zu einem „Ich erzähle und er hört zu". Dabei nahm ich seine Herangehensweise auseinander, teilte ihm weitere Perspektiven und Möglichkeiten mit und erklärte ihm, was er noch nicht wusste. Ich gab ihm Tipps und fand Lösungen für ihn. Ich verlor mich in meinen eigenen Gedankengängen und Assoziationen. Plötzlich ging es um mich. „Komischerweise" erzählte er bald immer weniger von sich – und bei mir nahm das Bedürfnis nach mehr Verbundenheit immer mehr zu.

In den letzten Jahren habe ich endlich kapiert, was da passierte, und gelernt, mich innerlich leer zu machen und einfach nur aktiv zuzuhören. Ja, es braucht ein bisschen Übung, um Selbstregulation und Impulskontrolle zu meistern, aber das lässt sich lernen. Es liegt in deiner Macht! Also liebe Frau, wenn er Dinge mit dir teilt, höre ihm zu, ohne zu kommentieren oder gar Diskussionen anzuzetteln. Empfange ihn, spüre deinen Körper dabei, bleibe bei dir. Löse nicht seine Probleme, „hilf" ihm nicht, bewerte nichts und sag ihm auch nicht, was du denkst, was richtig wäre usw.

Denk dran, er ist erwachsen (oder darf es werden). Traue ihm zu, selbst zu denken, Lösungen zu finden und Entscheidungen zu treffen. Fokussiere dich darauf, zu verstehen, was hinter seinen Worten liegt, nämlich die unbewussten Fragen: „Kann ich mich auf meine eigenen Gedanken verlassen?", „Bekomme ich das hin?", „Vertraust du mir?", „Bin ich dein Held?", „Nimmst du mich als deinen Mann an/ernst?", „Habe ich deinen Respekt?", „Wird alles gut?"

Der wichtigste Satz für dich ist: „Mhm."

Weitere stärkende und heilsame Äußerungen von dir können zum Beispiel sein:

- „Was denkst du?"

- „So wie du denkst, ist es gut."

- „Wie du meinst."

- „Entscheide du!"

- „Du weißt am besten, wie es geht."

- „Wir machen es so, wie du es für richtig hältst."

- „Du schaffst das."

- „Ich vertraue dir."

- „Ich vertraue deinem Urteil."

- „Du kriegst das hin. Du findest eine Lösung."

Übe ganz bewusst, diese und ähnliche kurze Sätze zu sagen, auch wenn es sich anfangs komisch anfühlt oder nur halb wahr ist, dass du ihm vertraust. Die Magie wird geschehen. Probier's aus. Dein Zutrauen in sein Denken und seine Urteilsfähigkeit braucht er eher von dir als deine Meinung. Du hast die Wahl, welche Art von Frau du deinem Mann sein möchtest und welche Art von Beziehung du haben möchtest. Natürlich kannst du dich dafür entscheiden, ihm zu widersprechen, ihn zu kritisieren, ihm zu helfen, die Dinge vielleicht sogar einfacher und effektiver zu machen. Ich habe jedoch festgestellt, dass es mir nicht dasselbe Vergnügen bereitet, wie ihn einfach nur bewusst zu empfangen, zu hören und dabei in einem Gefühl von Hingabe, Demut, Empfängnis und Würde zu sein.

Achtung: Es geht rein darum, was er denkt. Vermeide zu fragen, was er fühlt, oder zu sagen „Wie du es empfindest, wird es schon passen". Werde du das Herz, das bewusste, achtsame Gefühl, das Vertrauen, die Hingabe, das Empfangen und Vergnügen, und lass ihn der Kopf sein, der Lösungsfinder, der Entscheider, der Raumhalter, der Beschützer. Ein „geheilter Mann", ein König, sollte seinen fühlenden, weiblichen Pol in sich integriert haben und hauptsächlich aus seinem, mit Herz durchdrungenen, bewusst denkenden männlichen Pol in eure Beziehung fließen können. Spürst du den Unterschied? Spürst du die Wahrnehmungs- und Selbstregulationsfähigkeit, die das von euch beiden erfordert? Das ist die hohe Kunst von heilenden, polaren und traumafreien Beziehungen. Du kannst das schaffen!

Verfalle nicht in Perfektionismus

Die männliche Energie ist die penetrierende, nicht die weibliche. Wenn Frauen eine penetrierende, respektlose Energie haben und dementsprechend mit ihrem Partner kommunizieren, ziehen sich ihre Männer zurück. Respektvolles Verhalten und weibliche Kommunikation öffnen ihn dir gegenüber wieder. Also werde respektvoll, übe dich in weiblicher Kommunikation und Selbstregulation – und werde magnetisch!

Aber bitte verfalle nicht in Dogmatismus oder Perfektionismus. Wenn du merkst, dass du ihn kritisiert, kontrollierst oder eine Entscheidung ohne ihn getroffen hast, dann geht die Welt davon nicht unter. Eine einfache Entschuldigung wie „Tut mir leid, dass ich … Das war respektlos" kann die verloren gegangene Intimität wiederherstellen. Eine gute Beziehung hält das aus. Das gehört dazu und passiert den Besten unter uns.

Du wirst bestimmt auch Momente haben, in denen du sogar bewusst seine Entscheidung übergehst und deine eigene triffst. Die polare Dynamik wird dann etwas geschwächt, aber wenn du das nur „im Notfall" machst, wird eine ansonsten stabile Beziehung das aushalten. Wenn du seine Entscheidung übergehen „musst", dann kann es auch ein Zeichen dafür sein, dass ihm wichtige Informationen gefehlt haben oder er nicht genug in seiner Kraft war, um in diesem Moment eine gute Entscheidung treffen zu können. Dann sprich hinterher mit ihm darüber (ohne ihn zu kritisieren) und erkläre, warum es dir so wichtig war, eine andere Entscheidung zu treffen, und was du dir für ähnliche Situationen wünschst. Dann hat er diese wichtige Information, um zukünftig die Entscheidung zum Wohle aller wieder selbst treffen zu können.

Spiele mit der Polarität aber paralysiere dich nicht mit Dogmatismus oder Perfektionismus. Spielen heißt kreativ sein und Fehler zu machen. Ohne geht es nicht.

Ist es wirklich so falsch, zu helfen?

„Was ist denn so schlimm daran, meinem Mann einmal etwas zu erklären, ihn zu korrigieren oder auch zu kritisieren?", fragst du dich vielleicht. Du kannst natürlich sagen, was du willst. Viele Paare kommen damit jahrelang gut über die Runden. Es geht mir hier jedoch darum, dich für die energetische Ebene zu sensibilisieren. Achte mal darauf, wie sich die Energien zwischen Männern und Frauen verändern, wenn Frauen viel in männlicher Energie sind. Was passiert, wenn sie die Grenzen und persönlichen Räume und Zuständigkeiten ihres Mannes regelmäßig missachten und ihm überall ungefragt und respektlos hineinreden?

Ein typisches Beispiel ist das Autofahren. Der Mann fährt und die Frau kommentiert und kritisiert. Kein Mann mag das, oder? Auch als Frau nervt es mich total, wenn mein Mann ungebeten meinen Fahrstil kommentiert. Derjenige, der das Lenkrad in der Hand hält, fährt.

Der andere hat die Klappe zu halten. In einer polaren Beziehung ist es genauso. Der Mann ist für die männliche Energie im gemeinsamen Beziehungsraum zuständig und die Frau für die weibliche Energie. Dementsprechend ist jeder verantwortlich für seine Räume und der andere darf sich aus diesen herauszuhalten. Eigentlich selbstverständlich, oder?

Andere Respektlosigkeiten

Weitere Respektlosigkeiten, die vorkommen können, sind Dinge wie die folgenden:

- Sie sucht ihm seine Kleidung aus („Er hat einfach keinen Stil!").

- Sie sagt ihm, wie er sich in sozialen Kontexten verhalten soll („Er ist so peinlich und ungeschickt!").

- Sie gibt vor, was er essen darf („Er isst sonst nur Ungesundes").

- Sie kontrolliert sein Handy.

- Sie entscheidet, wofür er Geld ausgeben darf oder nicht.

- Sie sagt ihm, was er ihr zum Geburtstag schenken soll („Sonst gefällt es mir nicht.").

Vielleicht fallen dir selbst noch ein paar Dinge ein, die du auf die Liste setzen könntest. All diese Dinge haben eines gemeinsam: Sie kastrieren den Mann und drängen ihn in die Rolle eines kleinen Jungen. Finde deinen Respekt für ihn wieder, hör auf, ihn zu bemuttern, lass ihn seine Dinge selbst regeln und du wirst erleben, wie langsam wieder ein Mann aus ihm wird. Es liegt in deiner Macht.

Zusammenfassung

Respekt ist ein essenzieller Aspekt in jeder Beziehung. Durch Respekt für deinen Partner hilfst du ihm, in seine volle Größe und Stärke zu kommen. Denke daran, dass respektvolles Verhalten auch in schwierigen Momenten den Unterschied macht.

4. Geheimnis:

Loslassen

Das Bedürfnis nach Kontrolle resultiert aus Angst. Das Gegenteil von Angst ist Vertrauen. Wenn du also oft in Versuchung bist, deinen Mann oder Situationen zu kontrollieren, dann frage dich: Wovor habe ich Angst? Ist der Gedanke/die Befürchtung hinter meiner Angst eigentlich wahr? Kann ich mir zu hundert Prozent sicher sein, dass sie wahr ist? Kann ich die Situation/meinen Mann wirklich kontrollieren? Ist meine irrationale Angst es wert, dass ich einen Keil zwischen uns treibe?

Wenn du den Drang hast, deinen Mann zu kontrollieren, dann finde mit diesen Fragen heraus, ob es sich lohnt oder ob es besser wäre, loszulassen, zu vertrauen und dich gut um dich selbst zu kümmern, um deinen Energie- und Glückstank wieder aufzuladen. Ist es nicht schöner, Intimität statt Kontrolle zu wählen?

Loslassen statt Kämpfen

Frauen haben oft die Tendenz, „sicherheitshalber" ihren Mann zu kontrollieren. Aus der Kontrolle wird dann schnell ein Kampf. Sie kämpfen zum Beispiel darum, dass ihre Wünsche das Einverständnis ihres Mannes erhalten. Was jedoch durch dieses angstgesteuerte Verhalten geschieht, führt oft genau zum Gegenteil: Er mauert oder wird gar aggressiv. Die weibliche Macht und Magie besteht darin, nur zu wünschen und dann loszulassen. Nicht zu argumentieren, zu überreden oder zu diskutieren und auch nicht nach einem Zeitraum oder -punkt zu fragen, an dem er deine Wünsche erfüllt.

Anna, eine Klientin von mir, wünschte sich einen Filter für ihre Wasserleitung. Sie äußerte ihren Wunsch. Ihr Mann antwortete darauf mit Bedenken und Einwänden. Anstatt in die Diskussion und den Kampf mit ihm einzusteigen, sagte sie nur „Schade, ich fände einen Wasserfilter gut. Der würde mir das Gefühl geben, saubereres Wasser zu trinken. Aber ich höre, was du sagst."

und ließ die Sache los. Zwei Wochen später überraschte er sie mit einem Wasserfilter. Er hatte recherchiert, einen ausgewählt, bestellt und installiert.

Ladys, das ist die Magie der Polarität! Es wird alles ganz einfach. Du musst nicht mehr kämpfen. Es entspricht dem energetischen „Programm" deines Mannes, dich glücklich machen zu wollen. Dieses Programm kann aber nur in Gang gesetzt werden, wenn du es nicht durch Härte, Respektlosigkeit und Kampfmodus kaputt machst. Die Zeit, die du mit Kampf und Kontrolle verschwendest, könntest du viel besser dafür nutzen, dich um dich selbst zu kümmern. Wie viel Zeit und Energie verschwendest du damit, dir Gedanken um ihn und alles, was du kontrollieren musst, zu machen? Was wäre, wenn du nur noch das kontrollierst, was du wirklich kontrollieren kannst: deinen persönlichen Raum?

Männliches Containment

Nachdem ich vier Jahre lang vergeblich versucht hatte, eine freie Schule zu gründen, in der mein Sohn weiterhin bedürfnisorientiert und selbstbestimmt sein konnte, war auch das Jahr seiner Rückstellung von der Schulpflicht um und wir standen vor der Qual der Wahl: Auswandern, Untertauchen oder eine andere Schule. Ich wusste nicht, wohin mit mir. Ich spielte mit dem Gedanken, einen Wohnwagen zu kaufen, uns in Deutschland abzumelden und loszufahren. Um es abzukürzen: Wir hatten quälende Wochen voll Hilflosigkeit, innerem Chaos und Frust. Nie im Leben würde ich meinen Sohn in eine Lernfabrik bringen!

Dann, eines Abends, sagte mein Mann: „Ich will nicht auswandern. Wenn du unbedingt willst, dann ohne mich." Er zählte gute Gründe auf, warum Auswandern für uns alle keine gute Idee sei. Er hatte seine Grenzen und Bedürfnisse geprüft und uns als Familie im Blick. Aber er ließ mir die Wahl: Wenn ich unbedingt auswandern wollte – ohne ihn. Hinterher erzählte er mir, dass das für ihn sehr schwer gewesen sei, aber er wirklich an dem Punkt gewesen war, uns aufzugeben, weil er das Auswandern nicht unterstützen konnte. Er sah, dass es für unser Familiensystem mehr Belastung als Entspannung bringen würde (wir waren bis dahin schon bald acht Jahre kindergartenfrei gewesen und hatten uns die Kinderbetreuung geteilt). Seine klare Ansage und die Grenzziehung waren meine Rettung. Mein inneres Chaos, meine innere Haltlosigkeit, mein fehlendes Containment[9] kamen wieder ins Gleichgewicht. Endlich

---

9 Containment meint ein psychologisches Konstrukt, das sowohl von außen als auch von innen wirken kann. Containment gibt Menschen einen Container, eine Grenze oder einen Halt, an dem sie sich orientieren können. Containment von innen ist die Fähigkeit, die eigenen Gefühle im Körper halten zu können.

spürte ich mich wieder. Mein Mann hatte mir einen Rahmen, Orientierung und eine Grenze gegeben. Für mich war sofort klar, dass ich ohne ihn nicht auswandern wollte. Das hätte ich allein nicht stemmen wollen und es hätte weder meinen Kindern noch mir wirklich gutgetan – das war mir sofort klar.

Nun hatte ich einen Rahmen, in dem ich mich neu orientieren konnte: Die Entspannung in unserer Familie war der Wert, nach dem wir uns nun ausrichteten. Es ging nun darum, innerhalb dieses Rahmens eine Lösung zu finden, die für uns alle stimmig war, uns allen guttat und uns entlastete. Plötzlich war es ganz einfach. Der Platz in einer Waldorfschule war da. Alles, was ich tun musste, war, meine Bewertungen loszulassen, mich dem Schmerz zu stellen, meinem Sohn nicht den achtsamen und selbstbestimmten Bildungsort geben zu können, den ich mir für ihn gewünscht hätte, in die Hingabe und Annahme zu gehen und auch meinem Sohn zuzutrauen, seinen Weg im Leben zu finden. Und so kam ich endlich ins Fließen. Ich erlebte Freiheit durch die Grenze, den Rahmen, den mein Mann angeboten hatte und in dem ich mich gerne entspannte. Was für ein Genuss! Was für eine Erleichterung, loszulassen! Ich erlaubte mir zu scheitern und fand Entspannung, Freiheit und neue Perspektiven. Mit meinem Ja zu seiner Grenze konnte ich nicht mehr ausweichen. Ich konnte nur noch mit dem leben, was war. So kam ich wieder in meine weibliche Energie. Ich konnte loslassen und mich hingeben. Ja, ich durfte aufgeben. Ich durfte verlieren. So viel Druck, so viel Last fiel von mir ab. Mein Blick wurde weit. Ich wurde weich. Das Leben floss wieder durch mich hindurch und ich mit ihm.

Der Paradigmenwechsel in unserer Gesellschaft geht auch einher mit dem Aufbrechen von gesellschaftlichem Containment. Früher hat die enge Moral Menschen Orientierung und Halt gegeben, also eine Art Container. Viele dieser äußeren Container brechen auf. Das erzeugt in vielen Menschen eine Unsicherheit und Orientierungslosigkeit. Es ist die Qualität unserer Zeit, dass wir nun lernen dürfen, uns diesen Halt selbst zu geben. Werte sind ein guter innerer Container und helfen uns dabei, den Fokus zu halten und zu entscheiden, wie wir uns verhalten wollen. Und ja, unsere Werte können auch in einem Spannungsfeld stehen, so wie bei uns Selbstbestimmung und Entspannung im Familiensystem. Manchmal muss man dann eine Entscheidung für den einen und gegen den anderen Wert treffen.

Wenn du also spürst, dass du dich überfordert oder orientierungslos fühlst, wenn du dich unfrei und unfähig fühlst, in den Flow zu kommen, dann fehlt dir wahrscheinlich eine Grenze, ein Container. Nun kannst du ihn dir entweder selbst schaffen, indem du dir deiner Werte bewusst wirst, oder du kannst es dir leicht machen und deinen Mann darum bitten. Für ihn mit seinem linearen

Denken ist es normalerweise einfacher, Ordnung und Zielgerichtetheit ins Chaos zu bringen. Um noch ein weiteres Beispiel zu nennen: Als wir unser fast 2.000 Quadratmeter großes Grundstück, das hauptsächlich landwirtschaftliche Fläche umfasst, neu hatten, hat mich die schiere Größe überfordert. Ich wusste gar nicht, wo ich mit dem Gestalten anfangen sollte. So bat ich meinen Mann darum, mir Beete anzulegen. Dieses Containment fand ich sehr wohltuend und ich konnte endlich anfangen, kreativ zu werden und mitzugestalten. Ich könnte noch viele andere Beispiele nennen, wie förderlich Containment für Flow und den kreativen Prozess ist. Sei dir dieser energetischen Realität des Containments bewusst und zögere nicht, es dir leicht zu machen und dir Orientierung von deinem Mann geben zu lassen, wenn es dir hilft. Containment entsteht aus strukturgebender, haltender männlicher Energie.

Kinder-„Erziehung"

Sowohl aus eigener Erfahrung als auch von meinen Klientinnen weiß ich, dass Frauen besonders kontrollierend und übergriffig werden können, wenn sie Mütter werden. Da bäumt sich die Löwin auf und will ihr Kind vor allen „Gefahren", inklusive Kindsvater, schützen. Es fällt manchen Frauen unglaublich schwer, auszuhalten, dass ihr Mann anders mit den Kindern umgeht als sie selbst. Sie befürchten, dass ihre Kinder traumatisiert werden könnten, wenn der Papa auf seine Art und Weise mit ihnen umgeht.

Es geht mir nicht darum, zu sagen, dass der Instinkt einer Mutter falsch wäre, dass sie ihr Baby loslassen sollte oder Ähnliches. Ich möchte jedoch dazu einladen, dass du deine Gedanken überprüfst und dich etwas zurückhältst: Ist dein Mann wirklich so unfähig im Umgang mit den Kindern, wie du vielleicht denkst? Wie „schlimm" ist es wirklich, dass er die Dinge auf seine Art und Weise macht? Was wäre, wenn du ihm und euren Kindern zutraust, dass sie einen Weg miteinander finden werden? Und was passiert hingegen, wenn du weiterhin so kontrollierend bist? Ja, du hast den Gebärmutter- und Brüstevorteil als Mama, du bist am nächsten am Baby dran. Aber wie wäre es, wenn du ihm eine Chance gibst, seine eigene Beziehung zu euren Kindern aufzubauen – ohne dein Einmischen? Du solltest – trotz aller Gefühle – darüber nachdenken, welche weitreichenden Folgen deine Kritik und dein Einmischen haben können:

- Er ist gereizt und verbreitet schlechte Laune.

- Er zieht sich zurück und überlässt dir das Feld.

- Nach einer Weile hängt alles an dir.

- Du bekommst keine Pausen mehr.

- Du musst dich um jeden Konflikt zwischen den Kindern selbst kümmern, kannst nicht mehr allein aufs Klo oder duschen.

- Du musst dich um alles selbst kümmern.

- Dein Kind fühlt sich nicht wohl bei ihm und hängt nur an dir

- Du schmeißt den Haushalt allein, weil er alles „falsch" macht.

Und irgendwann meckerst du über ihn, weil er nicht mithilft, weil er sich nicht auch mal um die Kinder kümmert, ja, weil er nicht mit ihnen klarkommt, weil er nicht mitdenkt, weil er sich ständig zurückzieht usw. Ich schätze, du kriegst eine Ahnung von dieser ungesunden Dynamik. Wenn dein Partner kein bewusster Mann in seiner Kraft ist, wird er dir keinen Gegenpol bieten und seinen Raum und den ihm gebührenden Respekt nicht bewusst einfordern können. Auch Männer haben Bindungstraumata, sind auf eine bestimmte Weise sozialisiert und von sich entfremdet. Was ich dir daher eindringlich empfehlen möchte, ist, auf weibliche Kommunikation zu setzen (mehr dazu in Kapitel 11) und aufzupassen, dass du deinen Mann nicht bemutterst, kritisierst, herumkommandierst, kontrollierst und bevormundest. Bleibe bei der weiblichen Kommunikation und …

- … drücke deine Wünsche klar und konkret aus.

- … teile deine Gefühle mit.

- … vertraue ihm und geh davon aus, dass er sowohl für dich als auch für seine Kinder nur das Beste möchte.

- … bitte ihn um Hilfe und nimm diese so an, wie sie kommt.

- … beschreib dein Problem/deinen inneren Konflikt und lass ihn die Lösung finden.

- … mische dich nicht in seine Beziehung mit seinen Kindern ein.

- … achte seinen Raum und seine Grenzen.

- … stelle eure Kinder nicht über ihn und mache ihn zur Nummer eins in deinem Leben.

- … sprich nicht schlecht über ihn vor deinen Kindern.

Wenn du deinen Mann vor den Kindern kritisierst, verletzt du auch sie. Er ist ein Teil von ihnen, sie sind ein Teil von ihm. Kritisierst du ihn, fühlen sich deine Kinder zerrissen. Auch hier schlage ich vor: Anstatt dich auf seine Fehler zu fokussieren, überprüfe deine Wahrnehmung und fokussiere dich auf seine Stärken. Sei dankbar für das, was er tut. Danke ihm, wenn er etwas so tut, wie du es magst, und äußere deine Wünsche respektvoll. Ich bin mir sicher, dass du feststellen wirst, dass er gar nicht der faule, unzuverlässige und schlecht gelaunte Typ ist, wie du vielleicht dachtest, wenn du deine Perspektive und Kommunikation änderst. Du könntest als ersten Schritt die Dynamik zum Positiven verändern, indem du damit beginnst, vor deinen Kindern nur noch gut über ihn zu sprechen. Erzähle ihnen Heldengeschichten von deinem Mann, auch wenn es anfänglich schwer für dich ist. Deine Geschichten über deinen Mann formen ihre Wahrnehmung und Erinnerung und prägen ihr späteres Bindungsverhalten. Ein weiteres Problem ist, dass du die Autorität und Kraft deines Mannes als Vater untergräbst, wenn du ihn kritisierst. Aber nur ein Mann in seiner Kraft kann ein guter Vater sein. Deine Respektlosigkeit entzieht ihm die Kraft und Stärke, der Vater zu sein, den deine Kinder verdient haben. Wenn man bedenkt, was nur ein Vater seinen Kindern geben kann, ist das ein schwerer Verlust für sie und ihr Leben.

Väterliche Energie

Die Energie eines Vaters kann in manchen Situationen effektiver sein als die einer Mutter. Immer dann, wenn du das Gefühl hast, dass du dich stark anstrengen musst, um deine Kinder zu etwas zu bewegen, dann erfordert die Angelegenheit wahrscheinlich männliche Energie. Was wäre, wenn du deinen Mann in solchen Situationen einfach um Hilfe bitten würdest? Männliche Energie führt Menschen, trifft Entscheidungen, setzt und hält Grenzen. Diese Energie aufzubringen, ist naturgemäß viel leichter für deinen Mann als für dich. Warum lässt du dir nicht einfach helfen und gibst diese Dinge an ihn ab, wenn er da ist? Dann wird es auch für dich leichter. Und vergiss dabei nicht deine weibliche Kommunikation, also das Aussprechen von auf dich bezogenen Wünschen oder eine klare, direkte Bitte um Hilfe. Also du solltest nicht meckern, sondern lieber direkt äußern: „Ich wünschte, die Kinder wären gleich fertig und im Bett, ohne dass ich mich tausend Mal wiederholen muss." Und wenn er das übernimmt, sage ihm, wie entspannend und wertvoll seine Hilfe für dich ist und bedanke dich. Es könnte gut sein, dass er sich über diese Information freut und zukünftig viel mehr drauf achtet, wie er es dir leichter machen kann.

Aufgaben abgeben

Manch eine Frau hält es nicht aus, wenn ihr Mann Dinge anders umsetzt als sie. Sie hat kein Vertrauen, dass er es „richtig" macht – also so, wie sie es für richtig hält. Daher beginnt sie, die Dinge lieber selbst zu machen, „damit sie richtig gemacht werden". So kontrolliert sie alles. Zunehmend muss sie dann jedoch feststellen, dass sie bald alles selbst machen muss und ihr Mann keine Verantwortung mehr übernimmt. Leider sehen die wenigsten Frauen ihre Rolle in dieser Dynamik. Du solltest also lernen, auszuhalten, dass dein Mann die Dinge anders angeht als du. Und du darfst Dinge auch abgeben.

Hier kommt mein Tipp, was du tun kannst, wenn du zu viel machst und er zu wenig: Höre einfach auf, bestimmte Dinge zu tun, die dich zu sehr belasten. Sag ihm: „Ich kann XY nicht mehr machen." Wenn er dich bitten sollte, etwas zu tun, was du nicht mehr tun willst, dann sag einfach nur: „Ich kann nicht." Das ist besonders wichtig, wenn du gerade vorhast oder dabei bist, dich um dich selbst zu kümmern. Vielleicht hast du dich gerade mit einem Buch in die Sonne gelegt oder mit einem Cappuccino und Podcast auf den Balkon gesetzt. Dann kannst du nicht. Dann tust du etwas viel Wichtigeres: Du lädst deinen Energievorrat auf und machst dich glücklich.

Lass dich führen und genieße

„Wenn der Mann führt, folgt die Frau" – als ich das das erste Mal gelesen habe, rebellierte alles in mir. „Was für ein Schwachsinn!", wehrte sich mein Kopf. Alles sträubte sich in mir. So etwas kann man doch nicht ernsthaft laut schreiben?! Das ist so was von ... falsch. Altmodisch. Sexistisch. Von gestern. Verboten!

Und doch: Unter all dem Widerstand spürte ich eine tiefere Schicht in mir aufatmen, sich entspannen, ja, vor Freude kribbeln. Tief unter den Schichten von Sozialisation und politischer Korrektheit gab es einen Anteil in mir, der spürte, dass es wahr war. Da war etwas in mir, das sich nach Führung sehnte. Ich erlebe es immer wieder: Wenn mein Mann eine Entscheidung trifft, reagieren mein Körper und mein Energiesystem darauf. Da ist eine energetische Wahrheit, wertfrei, tief, roh und frei. Ein Teil in mir weiß aus Erfahrung, dass seine Meinung, seine Entscheidung meine Ausrichtung verändert. Etwas entspannt sich in mir, lässt los und wird weich, sanft und hingebungsvoll. In solchen Fällen bin ich mir selbst näher. Es ist ein erhebendes Gefühl voller Lachen, Kribbeln und Ekstase. Es entsteht auch ein tieferes Gefühl von Sicherheit in mir: Wenn er eine Entscheidung getroffen hat, dann hat er alle Bedürfnisse im Blick, hat eine innere Abwägung vorgenommen. Ich habe größte Gewissheit und vollstes Vertrauen, dass seine Entscheidung fundiert und richtig ist. Wenn mein Mann führt, dann dient er mir. Dann geschieht ein Energie-Shift in mir und ich komme in meine Kraft. Wenn das passiert, kann ich viel weiblicher sein: mich entspannen, loslassen und voller prickelnder Energie und Lebendigkeit sein. Fühlen, spüren, genießen fließen, kreativ sein, mich voll ausleben oder einfach nur sein. Diese energetische Wahrheit konnte ich nicht mit dem Verstand greifen, aber ich spürte sie in meinem Körper. Seitdem überlasse ich meinem Mann bewusst so oft wie möglich die Führung und die Entscheidung. Es ist ein Genuss – probiere es aus!

Als wir begannen, bewusst mit Polarität zu experimentieren, waren wir im Urlaub. Wir wollten eine Stadttour machen. Ich überließ meinem Mann also die Führung. Er führte uns durch eine wunderschöne alte französische Stadt und ich ließ mich einfach treiben. Dort ein alter Bonbonladen – da wollte ich rein (und erst recht unsere Kinder), da eine Eisdiele mit „Organic Icecream", dort ein schöner Brunnen mit wohltuendem kalten Wasser ... Es war so entspannt, einfach mitzufließen, Impulsen zu folgen und sich umzusehen. Aber ein Teil von mir fühlte sich unwohl und so musste ich meinen Mann hinterher fragen: „War das wirklich okay für dich, dass ich gar nicht mitgeholfen haben? Dass ich so ‚faul' war und mich einfach habe treiben lassen und dir die ganze Organisation und die Entscheidungen überlassen habe? Ich habe ein schlechtes Gewissen, dass ich es mir so leicht gemacht habe." Und seine erstaunliche Antwort war: „Ja, total. Es war für mich sehr entspannt, einfach machen und führen zu können, ohne dass du reingequatscht hast und wir ständig alles abstimmen mussten."

Das war für uns eine sehr beeindruckende Erfahrung, die wir seitdem auch in anderen Kontexten wiederholt haben. Nach wie vor kommen wir stets zum gleichen Ergebnis: Es ist so viel entspannter und leichter für uns beide! Ich kann dir somit nur empfehlen, eventuelle innere Widerstände zu überwinden und es auszuprobieren. Wenn du es dir leicht machst, machst du es auch ihm leicht!

Finanzielle Angelegenheiten

Nun kommen wir zu einem triggernden Thema, das völlig gegen die politische Korrektheit verstößt. Auf kognitiver Ebene lassen sich bestimmt viele Gründe dagegen finden. Auf energetischer Ebene ist es jedoch eine Realität, die zumindest bei uns etwas mit unserer Beziehung und mit uns macht. Spüre hinein, lass es wirken und entscheide für dich. Falls du dich bei euch um die Finanzen kümmerst, dann ist dieses Kapitel für dich.

Wenn es sowieso schon dein Mann macht, dann kannst du es überspringen.

Warum kümmerst du dich um eure Finanzen? Vielleicht, weil du es deinem Mann nicht zutraust? Vielleicht, weil du kontrollieren willst, wie viel Geld hereinkommt und hinausgeht? Vielleicht, weil du sichergehen willst, dass es „richtig" gemacht wird? Vielleicht, weil er zu „verantwortungslos" ist? Vielleicht, weil du ihn nicht um sein Einverständnis für Ausgaben bitten willst? Denk mal darüber nach. Spüre mal ehrlich in dich hinein, was deine Motive sind. Darfst du vielleicht auch hier lernen, loszulassen, ihm zu vertrauen, die Kontrolle abzugeben und die Angst vor Abhängigkeit zu überwinden?

Und noch ein anderer interessanter Aspekt: Wie geht es dir mit dem Gedanken, dass dein Mann finanziell für dich sorgen könnte? Wie wäre es, wenn er die Verantwortung dafür tragen würde und du frei wärst in deiner Entscheidung, ob du arbeiten und Geld verdienen möchtest oder nicht? Manche Frauen würden gern mit den Kindern zuhause bleiben, andere genießen es, arbeiten zu gehen. Und bevor du jetzt denkst: „Wollen ja, können nein, ich muss ja arbeiten gehen" – es gibt Möglichkeiten, von zu Hause aus zu arbeiten, zeit- und ortsunabhängig.

Mehr möchte ich an dieser Stelle gar nicht sagen, sondern nur zur Reflexion und Bewusstheit anregen. Über Geld lässt sich viel schreiben. Die Frage ist: Was bedeutet Geld für dich? Welches Bedürfnis erfüllst du dir damit? Wie sehr möchtest du dich zu deinem Mann bekennen, willst du All-in gehen? Wie viel Vertrauen hast du in ihn und in euch? Ist Geld vielleicht ein Gradmesser für eure Verbundenheit, über den du nachdenken möchtest? Solange du euer Geld kontrollierst, dein Mann dich um Erlaubnis für Ausgaben bitten muss und du die Entscheidungen triffst, ist eure Polarität verdreht. Hat er das Geld im Blick und du lässt ihn die Entscheidungen über eure Ausgaben treffen, seid ihr näher an der polaren Dynamik dran. Du kannst dir hemmungslos wünschen, was du dir wünschen möchtest, und dann loslassen und ihm die Entscheidung überlassen.

Was du mit deinem Geld in deinem eigenen Raum tust, hat hiermit nichts zu tun. Wenn du zum Beispiel wie ich selbstständig bist, dann stehst du ja auch in deinem Business deinen Mann und solltest dort dein eigenes Geld verwalten. Es geht hier nur um den gemeinsamen Beziehungsraum, euren Haushalt, euer gemeinsames Leben.

Zusammenfassung

Hier hast du gelernt, wie wichtig es ist, die Kontrolle abzugeben und deinem Partner zu vertrauen. Durch das Abgeben von Verantwortung und das Annehmen von Unterstützung kannst du Freiheit und Leichtigkeit in deiner Beziehung erfahren.

5. Geheimnis:

Werde verletzlich

Frauen wünschen sich in Beziehungen oft besonders emotionale Sicherheit, Intimität, Vertrauen und eine tiefe emotionale Kommunikation. Während Männer häufig Respekt als zentrales Beziehungsbedürfnis angeben, wünschen sich Frauen in Beziehungen emotionale Nähe, Kommunikation und Intimität, um sich verstanden, geliebt und sicher zu fühlen. Anders gesagt: Dein Herz zu öffnen und dich verletzlich zu machen, ist der wirksamste Weg, wie du Intimität auf allen Ebenen in deiner Beziehung erleben kannst.

Deborah Tannen, eine Linguistin und Expertin für geschlechtsspezifische Kommunikation, hat festgestellt, dass Frauen häufig Kommunikation nutzen, um Nähe und Verbundenheit zu schaffen. Ihre Studien zeigen, dass Frauen oft subtilere emotionale Signale senden und auf emotionale Reaktionen und Validierung durch ihren Partner angewiesen sind. Dies bedeutet, dass Frauen oft eine tiefere emotionale Kommunikation benötigen, um sich in der Beziehung sicher und verstanden zu fühlen. Eine Studie von Laurie A. Rudman und Kris Mescher (2012) fand heraus, dass Frauen in romantischen Beziehungen emotionale Offenheit und das Teilen von Gefühlen als Zeichen für Nähe und Vertrauen betrachten. Männer hingegen neigen dazu, Respekt und Unterstützung als zentrale Bedürfnisse anzusehen. Susan Johnson , eine führende Forscherin auf dem Gebiet der Paartherapie, entwickelte die *Emotionally Focused Therapy* (EFT), die auf der Erkenntnis basiert, dass emotionale Intimität und Vertrauen entscheidende Faktoren für das Wohlbefinden von Frauen in Beziehungen sind. In ihren Studien und Therapien zeigt sich, dass Frauen in unsicheren oder emotional distanzierten Beziehungen oft eine tiefere Sehnsucht nach emotionaler Verbindung und Intimität verspüren. In einer Studie von Collins und Feeney (2004) wurde herausgefunden, dass Frauen eine stärkere emotionale Reaktion auf Unterstützung von ihrem Partner zeigen als Männer. In stressigen oder emotional belastenden Situationen war es für Frauen besonders wichtig, dass ihr Partner einfühlsam und unterstützend reagiert. Diese Unterstützung stärkt das Gefühl von Zusammenhalt und Sicherheit in der Beziehung.

Emotionale Offenheit und intime Gespräche sind somit für Frauen von zentraler Bedeutung. Das heißt, gefühlsbetont zu sein ist weiblich. Hingabe ist weiblich. Loslassen und Vertrauen ist weiblich. Deine Verletzlichkeit und das ehrliche Kommunizieren deiner Gefühle ist wichtig für dich. Wenn er seine Angst vor Gefühlen überwunden hat, ist es auch für ihn ein tolles Erlebnis und sehr verbindend, wenn er dich verletzlich erleben darf, dein Vertrauen spürt und dir Sicherheit geben kann.

Angst vor dem seelischen Schmerz

Was genau macht dir solche Angst, ihm deine Wahrheit, deine wahren Gefühle mitzuteilen? Diese Frage ist immer wieder Thema in den Sessions mit meinen Klientinnen und die Antwort ist meistens die gleiche: Es ist die Angst davor, den Schmerz der Kindheit wieder fühlen zu müssen. Es ist die Erinnerung an die schmerzhaften Erfahrungen der Kindheit, in der dein offenes Herz nicht achtsam gewürdigt und geehrt, sondern verletzt wurde. Oft wurden Gefühle von unachtsamen Erwachsenen übergangen oder als falsch abgetan. Und ja, das hat sehr wehgetan und viele Kinder mussten ihr Herz verschließen, um es zu schützen. Sie hatten keine anderen Möglichkeiten. Damals ging es ums Überleben. Heute jedoch hindert dich dein verschlossenes Herz daran, zu leben und mit dir selbst und anderen Menschen in Verbindung gehen zu können. Dein System hindert dich mit Angst daran, dein Herz wieder zu öffnen. Das ist seine gelernte Strategie, ein Entwicklungstraumasymptom.

Dein Nervensystem macht leider von sich aus kein Update. Es versteht nicht, dass du nun erwachsen bist, dass deine Möglichkeiten, mit Gefühlen und Erlebnissen umzugehen, sich verändert haben. Es hält dich weiterhin in deinem kindlichen Zustand fest und versucht noch immer, dein Überleben zu sichern. Dabei ist dein Überleben heute nicht mehr in Gefahr. Dein Überleben ist nicht mehr abhängig von deinen Eltern – und auch nicht von deinem Mann. Was also tun?

Wie gesagt, dein Nervensystem sorgt für dein Überleben. Für dein Leben oder besser gesagt für deine Lebendigkeit musst du selbst sorgen. Und für ein Leben in Leidenschaft, Verbindung und Fülle musst du aus dem Überlebensmodus hinaustreten, deine Angst überwinden, dein Nervensystem dehnen und darauf trainieren, dass es in Ordnung ist, dein Herz zu öffnen. Dass dabei nichts passiert, womit du nicht umgehen kannst.

Ich möchte dir nichts vormachen. Das ist kein angenehmer Prozess. Er kann sogar sehr schmerzhaft sein. Ich habe ihn selbst viele Male erlebt und es ist nach wie vor aufregend für mich, mein Herz meinem Mann offen zu zeigen. Aber mittlerweile ist mein Nervensystem nicht mehr im Fluchtmodus, wenn ich es tue.

Auch habe ich viele Klientinnen bei ihrer Herzöffnung begleitet. Sie kommen zu mir und ich sehe ihre inneren Verstrickungen, Verhärtungen, das innere Chaos und den Druck – und darunter ganz viel Hilflosigkeit, Schmerz und Sehnsucht. Jede Session ist ein Entwirren, Auseinandernehmen und Auflösen dieser inneren Verspannung. Mit jedem tiefen Atemzug durch den Schmerz hindurch werden sie weiter, klarer und weicher. Manchmal fürchtet sich ihr System vor dem Schmerz, dann helfe ich sanft, die Angst des Nervensystems zu lösen. Mal ist es abgrundtiefe Trauer, mal eine unbändige Rage, die sich dann zeigt. Jedes Annehmen löst mehr Spannung und Druck. Jedes Durchfühlen macht innerlich freier. Und irgendwann erkennen sie: Kein Schmerz ist größer als ihr Körper. Nichts überwältigt sie. Alles kann da sein, ohne sie zu zerreißen. Sie können den Schmerz aushalten und nach und nach wird er schwächer. Zurück bleiben innere Klarheit und Frieden. Und dann entlasse ich mutige, selbstregulierte, bewusste und weiche Frauen, die verbunden sind mit ihrer Essenz, aus meiner

Prozessbegleitung wieder ins Leben. Wie anders sie sich fühlen! Wie anders sind ihre Beziehungen!

Wahrscheinlich bist auch du in einer Beziehung mit diesem verschlossenen Herzen und leidest darunter, dass du keine tiefe Nähe, Intimität, Ekstase und tiefe Verbundenheit erleben kannst. Du spürst diese Barriere zwischen deiner und seiner Seele. Jedoch ist da diese Sehnsucht nach Seelenbegegnung und Verschmelzung. Mach dir eines bewusst: Du bist nun erwachsen. Du hast heute die kognitiven und situativen Möglichkeiten, auch mit unangenehmen Gefühlen umgehen zu können. Heute kannst du lernen, deine Gefühle reguliert zu fühlen, ohne dass etwas Gefährliches dadurch passiert. Du kannst dabei nur gewinnen. Du gewinnst dich zurück, deine Lebendigkeit, dein Leben und die intime Beziehung, nach der du dich sehnst. Wenn du also eine innige Beziehung willst, dann führt kein Weg daran vorbei, dass du durch die Angst hindurchgehst, dein Herz wieder öffnest und dich verletzlich machst. Finde den Mut in dir! Nur wenn du dich zeigst, kannst du gesehen werden.

Ich möchte dir eine kleine Geschichte dazu erzählen:

In einer Situation mit meinem Mann befolgte ich meinen eigenen Rat und sagte ihm, dass ich mich in letzter Zeit einsam und ungesehen gefühlt hätte und mich nach mehr echter Seelenbegegnung mit ihm sehnen würde. Ich teilte ihm also mein Gefühl und meinen Wunsch mit.

Er fragte nach, wie ich das meinte, und ich erklärte es noch etwas besser. Dann war er eine Weile still. Ich wartete. Schließlich sagte er: „Ja, ich höre dich. Ich verstehe, warum dir das wichtig ist, und möchte das auch. Aber im Moment ist es mir zu viel. In ein paar Wochen, wenn alles läuft (er meinte unseren Hausbau), werde ich dafür sorgen, dass wir wieder mehr Zeit zusammen haben."

Und weißt du, was dann passiert ist? Kannst du es vielleicht auch durch die Zeilen spüren? In mir entspannte sich etwas, löste sich. Das fühlte sich so gut an! Ich fühlte mich gehört und spürte gleichzeitig seine Führung. Er zwang sich zu nichts für mich – was sich nie gut anfühlt –, sondern prüfte seine eigenen Kapazitäten und traf eine Entscheidung. Und ich erkannte: Es war gar nicht wichtig, dass er mir sofort meinen Wunsch erfüllte. Es war völlig ausreichend, dass mein Wunsch gehört und meine Gefühle wahrgenommen wurden. Seine Klarheit, seine Grenze, seine Führung empfand ich in dieser Situation als unheimlich wohltuend. In gewisser Weise wurde mein Bedürfnis dadurch schon erfüllt.

Ich glaube, das ist auch eine wichtige Erkenntnis für einige Männer: Es geht nicht darum, deiner Frau immer sofort alle Wünsche zu erfüllen und dich dafür zu verbiegen. Es reicht fürs Erste völlig, ihr zuzuhören und ihr das Gefühl zu geben, dass sie gefühlt und gehört wird. Wenn du dann prüfst und entscheidest, was du wann ermöglichen kannst und möchtest, und somit die Führung übernimmst, ist das in dem Moment genug. Ihr Wunsch kann teilweise schon durch das von dir Gehört-Werden erfüllt werden. Diese Erkenntnis dürfte bei manchen Männern einigen Druck herausnehmen. Es kann wirklich einfach sein, das Bedürfnis von Frauen nach emotionaler Näher zufriedenzustellen. Er musst sie und ihre Gefühle nur an sich heranlassen.

Kannst du es spüren, liebe Leserin? Vielleicht magst du diese Ratschläge mit deinem Mann teilen und ausprobieren? Das Wichtigste dabei ist, dass du dich verletzlich machst und ehrlich deine Gefühle und Wünsche äußerst – ohne Kritik oder Vorwurf an ihn.

Frauen sind von der Venus ...

In der Astrologie ist Venus die Gefühlvolle und die pure Weiblichkeit. Sie steht für Liebe, Erotik und Sinnlichkeit. Sie unterstützt die Wahrnehmung und stimuliert deine Sinne, damit du die Schönheit dieser Welt intensiv wahrnehmen kannst.[10]

Frauen sind anders als Männer. Gehirne von Männern denken hauptsächlich linear, Gehirn von Frauen denken typischerweise eher vernetzt oder in manchen Situatio-

---

10 https://www.horoskop-paradies.ch/horoskop/venus#astrologie

nen auch sehr chaotisch. Eine Frau ohne integrierten männlichen Pol ist entweder hart und verschlossen (aus Angst, von ihren Gefühlen überrollt zu werden, oder weil sie sie so tief vergraben hat, dass sie gar nicht mehr an sie herankommt) oder sehr emotional und disreguliert; ein Mann ohne integrierten weiblichen Pol hat Angst vor Gefühlen. Das sieht man leider oft in Beziehungen und es erklärt die ungute Dynamik vieler Paare. Aufgrund von Entwicklungs- und Bindungstraumata fehlt vielen Menschen die Verbindung zu ihren Gefühlen oder teilweise auch die Fähigkeit, starke Gefühle regulieren und halten zu können. Beides ist nicht sehr förderlich für gute Beziehungen.

Als Frau ist es deine Aufgabe, deinen männlichen Pol in dir zu integrieren, das heißt, bewusst und achtsam fühlen zu lernen, um deine Gefühle regulieren zu können. Gefühle sind das, worin deine Anziehung und Magie liegen kann. Frauen können sehr gut darin werden, Gefühle wahrzunehmen und auszudrücken. Dadurch können sie wiederum den Graz der Intimität in ihrer Beziehung beeinflussen.

Ja, über deine Gefühle zu sprechen, macht dich verletzbar, und das macht Angst. Viele Frauen unterlassen es daher lieber. Statt zu reflektieren, wenn eine Äußerung des Partners sie getroffen hat oder etwas zu sagen, wenn sie Hilfe bräuchten, bleiben sie still, fressen den Schmerz oder die Hilflosigkeit in sich hinein und entwickeln Frust und Verachtung gegenüber ihrem Mann. Und der Graben wird immer breiter und tiefer. Das ist sehr schade. Ich möchte dir daher im nächsten Abschnitt eine einfache Möglichkeit zeigen, wie du ohne große innere Analyse und viele Worte deine Betroffenheit oder deinen Schmerz mitteilen kannst.

Den Beschützer in ihm wecken

Es kann vorkommen, dass dein Mann dich mit einer Äußerung oder durch sein Verhalten seelisch verletzt. Das kann immer passieren, wir sind alle nur Menschen. Ich erkläre dir, was du ab heute nicht mehr tun solltest: dein Herz verschließen, dich verteidigen und zurückfeuern. Ab heute kannst du ihm auf einfache Weise zeigen, wenn er dich verletzt hat. Und so geht es: Du lässt dein Herz offen, empfängst den Schmerz und sagst „Autsch!". Mehr nicht. Am Anfang wird er vielleicht nicht verstehen, was du meinst, dann kannst du auf Nachfrage erklären: „Ich fühle mich verletzt."

Du verteidigst dich nicht und feuerst auch nicht zurück. Polarität in der Beziehung zu leben, bedeutet, dass der Mann die Frau beschützt. Dafür muss du aufhören, dich selbst zu schützen und zu verteidigen. Gib ihm etwas, das er beschützen kann. Gib ihm dein Herz. Zeigst du ihm deinen Schmerz, wird sein Beschützerinstinkt erwachen und er wird achtsamer werden. Bis ihr beide spürt: Ihr seid eins. Wenn er dich verletzt, verletzt er sich. Denk dran: Du bist das Herz eurer Beziehung.

Die eigenen Schmerzen in Form von Wut auf einen anderen Menschen zu projizieren heißt, den eigenen Schmerz nicht selbst fühlen zu wollen, sondern ihn an jemanden weiterzugeben. Also wälze den Schmerz nicht auf ihn ab, sondern spüre ihn selbst. Zeig ihm, wie es geht. Zeig ihm, dass man seelischen Schmerz fühlen und aushalten kann (wenn du das noch nicht kannst, kannst du es bei mir lernen).

Und noch eine Ebene tiefer: Ein Mann, der seine Frau verletzt, tut dies oft aus dem Schmerz heraus, nicht respektiert zu werden. Somit hast du auch hier in der Hand, durch deinen Respekt ihm gegenüber dafür zu sorgen, dass er gar nicht in die „Notsituation" kommt, aus der heraus er sich nur mit verbalen Angriffen verteidigen kann. Wenn er sich nicht gegen deine energetische „Übergriffigkeit" verteidigen muss, kann er sich darauf fokussieren, dich zu beschützen und glücklich zu machen (Achtung: Ich meine hier „alltägliche" Unachtsamkeiten in ansonsten normalen Beziehungen, kein toxisches Verhalten oder physische Gewalt!).

So übst du, verletzlich zu werden

1. Mach dir bewusst, dass du das Herz eurer Beziehung bist und deine Fähigkeit, zu fühlen und über deine Gefühle zu sprechen, über den Grad eurer Intimität entscheiden kann.

2. Zeige, dass du verletzt bist, statt dich zu verteidigen.

3. Statt zu sagen „Aber du …!" oder „Du ...", sage nur „Autsch!".

4. Anstatt zu kritisieren und ihm Vorwürfe zu machen, zeige deine Gefühle mit Sätzen wie „Ich vermisse dich" oder „Ich fühle mich einsam".

5. Anstatt alles selbst machen zu wollen, obwohl du schon erschöpft bist, sage „Ich kann nicht mehr" oder „Ich brauche Hilfe".

6. Anstatt alle Lösungen selbst zu finden, sage, was dein innerer Konflikt ist, dein Problem oder was du dir wünschst, und bitte um Rat und Unterstützung.

Zusammenfassung

Du hast die Bedeutung von Verletzlichkeit und einem offenen Herzen erfahren. Verletzlichkeit ermöglicht tiefere Verbindungen und Intimität in deiner Beziehung. Übe dich darin, deine wahren Gefühle zu zeigen und offen zu kommunizieren – und du wirst gesehen werden.

6. Geheimnis:

Würdevoll empfangen

Irgendwann begann ich, die Geschenke meines Mannes an Weihnachten und an meinem Geburtstag zu fürchten. Da war immer diese kindliche Vorfreude in mir auf „ein ganz tolles Geschenk, das ich mir schon immer gewünscht hatte, ohne es selbst zu wissen". Wenn diese Vorfreude enttäuscht wurde, weil nichts dieser unrealistischen, kindlichen Erwartung entsprechen konnte, hatte ich es mit zwei Herausforderungen zu tun:

1. der bitteren Enttäuschung meines inneren Kindes und 2. der gefühlten Zwangslage, mich freuen und bedanken zu müssen. Ich musste Freude und Dankbarkeit vortäuschen. Wenn ich eines jedoch nicht kann,

dann Gefühle vortäuschen. Dagegen sträubt sich einfach alles in mir. Daher waren diese Momente für mich unglaublich stressig und unangenehm für uns beide – für ihn sogar regelrecht verletzend, da ich sein Geschenk nicht empfangen konnte. Erst meine Wahrnehmung der polaren Energien und der Dynamik zwischen den Polen sowie die Bewusstheit für meine inneren Muster hat es mir ermöglicht, ihn und seine Geschenke entspannt und dankbar empfangen zu können. Heute fokussiere ich mich auf die Geste und die Intention und kann ihm ehrlich für seine Absicht danken, mich beschenken zu wollen. Diese Absicht kann ich immer empfangen. Außerdem habe ich, sobald ich diese kindliche Erwartungshaltung abgelegt hatte, gemerkt, dass seine Geschenke gar nicht das Problem waren, sondern dass diese im Gegenteil oft sogar überraschend und bereichernd waren.

Der weibliche Pol ist der Pol der Empfängnis. Das ist nicht nur auf körperlicher Ebene so, sondern auch auf der Beziehungsebene. Deine Empfängnisbereitschaft ist dein Geschenk an ihn. Er will geben und dich glücklich machen. Das gibt ihm einen Fokus und Bedeutung. Du musst ihn nur lassen (können). Zu empfangen ist das Gegenteil von Kontrolle und es kann sein, dass es dir so wie vielen Frauen geht und du nicht gut empfangen kannst. Wenn das der Fall ist, dann solltest du ab sofort üben, würdevoll zu empfangen. Ein einfaches „Danke" und ein

Lächeln genügen völlig. Übe zu empfangen, auch wenn alles in dir sich dagegen sträubt. Fokussiere dich auf die Geste und die Energie, die er (oder jemand anderes) zu dir fließen lassen möchte, nicht auf die Sache an sich. Übe loszulassen, dich in deinen weiblichen Pol fallen zu lassen und zu genießen.

Du kannst dir selbst helfen – aber du musst es nicht. Du kannst dir helfen lassen. Du kannst dir selbst die Tür öffnen – aber du musst es nicht. Du kannst dich ehren lassen. Du darfst dich beschenken lassen, weil du eine Königin bist und du darfst würdevoll all die Geschenke des Männlichen empfangen. Damit wirst du anziehend. Damit machst du ihn glücklich und stark, weil er merkt, dass er dich beschenken und glücklich machen kann. Also erlaube es ihm, dich mit dem zu beschenken, was er dir geben möchte – auch wenn es nicht deinen Vorstellungen entspricht. Ich habe die Erfahrung gemacht, dass seine Geschenke sich irgendwann als nützlich erwiesen haben. Polarität in der Beziehung und damit Anziehung und Magie zwischen euch hängen zu einem großen Teil davon ab, wie gut du (ihn) empfangen kannst. Weist du seine Geschenke zurück, unterbrichst du die energetische Verbindung zwischen euch und erzeugst Distanz. Er kann sich nicht stolz fühlen und du fühlst dich nicht geliebt.

Geschenke können zum Beispiel sein: ein Kompliment, eine Entschuldigung, Hilfe, eine Geste (zum

Beispiel Tür aufhalten), Zärtlichkeit, eine Sache, eine Berührung, eine Grenze, eine Lösung, Sicherheit oder Zeit/Zuwendung.

Wenn du übst und lernst, würdevoll zu empfangen, dann führt dich das tiefer in deine Weiblichkeit hinein. Es lässt dich selbstbewusster und attraktiver wirken. Es inspiriert andere und besonders deinen Mann dazu, dich öfter zu beschenken und zu ehren. Du fühlst dich weiblicher und er fühlt sich männlicher. Dass du ihn brauchst und empfängst sowie dein Glück und das eurer Kinder ist das, was dem Wirken deines Mannes eine Bedeutung und ein Ziel gibt. Empfangen ist eine weibliche Kunst. Je besser du empfangen kannst, desto attraktiver wirst du für deinen Mann.

UMSETZUNG: Finde jeden Tag mindestens drei Menschen, deren „Geschenke" du empfangen kannst. Natürlich kannst du ein Geschenk ablehnen. Es ist deine Entscheidung. Nun weißt du jedoch, was du durch dein Empfangen oder Abweisen auslösen kannst.

Vielleicht befürchtest du, dass du dich abhängig machst, wenn du einen Gefallen annimmst. Mach dich frei von diesen Gedanken! Empfange mit offenen Armen, voller Freude und Dankbarkeit und du wirst merken, dass die Menschen dich umso mehr beschenken wollen. Vielleicht kennst du sogar eine Frau, die ständig etwas geschenkt bekommt. Dann schau doch mal, wie sie diese Geschenke empfängt, und mache es nach. Menschen lieben es, hilfreich und nützlich zu sein. Wenn du ihnen das Gefühl „zurückschenken" kannst, dass ihre Unterstützung dir wirklich hilft und dich glücklich macht, dann ist das eine Win-win-Situation. Dein würdevolles Empfangen und dein wertschätzender Dank sind ein Geschenk für andere. Mach dir klar: Du tust anderen einen Gefallen, wenn du ihre Hilfe annimmst. Wenn du dich darum bemühst, zu empfangen, machst du es anderen leicht, zu geben.

Zusammenfassung

Dieses Kapitel hat dir gezeigt, wie du Geschenke und Unterstützung deines Partners mit Dankbarkeit und Würde annehmen kannst und dass dein Empfangen ein Geschenk an deinen Partner ist, das ihm Fokus und Bedeutung gibt.

7. Geheimnis:

Neuer Blick

Warum hast du dich damals in deinen Mann verliebt? Versuche, dich zu erinnern. Was waren die Eigenschaften, die dir an ihm gefallen haben? Was hast du in ihm gesehen? Wie hast du dich mit ihm gefühlt? Was hast du gespürt, was aus ihm werden kann? Schreib es direkt auf, wenn du magst:

_____

_____

Hier kommt ein eventuell schmerzhaftes, doch gleichzeitig mächtiges Geheimnis: So wie du deinen Mann wahrnimmst, so ist er zu dir. Du kreierst „deinen Mann" mit deinen Ansichten über ihn. Deine Wahrnehmung und deine Bewertungen sind geprägt durch die Erfahrungen deiner Kindheit. „Die" Realität gibt es nicht. Es gibt nur deine rein subjektive Wahrheit und Wahrnehmung. Mit deinem daraus resultierenden Verhalten kannst du aus einem Prinzen einen Frosch machen. Also mache deine innere Arbeit und werde dir bewusst, was du tust und mit welcher Energie. Sei dir im Klaren darüber, was du über ihn denkst. Erinnere dich daran, was du in ihm gesehen hast. Reguliere bewusst, was du über ihn denkst und worauf du dich fokussierst. Deine Perspektive entscheidet über dein Glück oder Unglück. Deine Ansichten über ihn „machen" ihn. Das, was du über deinen Mann denkst, ist deine Wahrnehmung, du siehst ihn durch deine Brille. Du sieht nur das, was du sehen willst und kannst. Dafür sorgt dein Unterbewusstsein. Wenn du entscheidest und denkst, dass dein Mann unfähig und unzuverlässig ist, dann ist er das. Dein Gehirn sucht dann automatisch nach Beweisen für deine Überzeugung. Dann kommunizierst und verhältst du dich so, dass er gar keine Chance hat, anders zu sein, bzw. wirst du gegenteiliges Verhalten gar nicht wahrnehmen.

Die gute Nachricht ist: Du kannst dir hier und heute deinen Traummann kreieren. Alles, was es dafür braucht, ist deine Entscheidung dafür. Entscheide, wer und wie dein Mann für dich ist. Er wird nicht perfekt sein. Er wird so wie du seine Macken haben, aber er wird perfekt für dich sein. Du kannst deine Beziehung in einer Sekunde verändern. Dafür musst du zwei Entscheidungen treffen:

1. Wer und wie möchtest du für ihn sein?

_____

_____

_____

2. Wer und wie ist er ab jetzt für dich?

_____

_____

_____

Hast du diese Entscheidungen getroffen, ist es wie ein Sprung aufs nächste Level und in deinen neuen Status quo. Von nun an sorge dafür, dass du dort bleiben oder immer wieder hinkommen kannst, wenn du mal in alte

Muster „abrutschen" solltest. Sobald du diese Entscheidungen getroffen hast, wird dein Unterbewusstsein nach Beweisen für deren Wahrheit suchen. Statt nach Fehlern zu suchen, suchst du jetzt nach Beweisen für das, was du in ihm sieht (oder sehen willst). Befolgst du nun die Geheimnisse von Traumpaaren ohne Trauma, wirst du merken, dass sich eure Beziehung allein durch deinen neuen Blick und deine Transformation verändert. Sogar wenn er der Alte bleibt, kann sich eure Beziehung verändern, wenn du deinen Fokus neu setzt. Du hast die Macht dazu.

Unterstützend wirkt eine tägliche Routine der Dankbarkeit. Frage dich jeden Morgen: Was habe ich alles? Wofür kann ich momentan dankbar sein? Was habe ich viel zu lange für selbstverständlich gehalten?

Wenn du dir das überlegt hast, dann kommt Schritt zwei: Sag es ihm! Teile ihm mit, wer er für dich ist, zum Beispiel mit folgenden Sätzen:

- „Ich bin sehr dankbar dafür, dass du so zuverlässig bist."

- „Ich bin sehr dankbar dafür, dass du für unsere finanzielle Sicherheit sorgst."

- „Ich bin sehr dankbar dafür, dass du so hilfsbereit bist."

- „Danke, dass du mir das Gefühl gibst, nicht allein zu sein."

- „Danke, dass du mir das Gefühl gibst, geliebt zu werden."

- „Danke, dass du mir den Rücken freihältst."

- „Danke, dass du ein so liebevoller Papa bist."

- „Danke, dass du mit den Kindern rausgehst und mir Zeit für mich schenkst."

- „Das war eine tolle Idee. Danke!"

- „Danke für deine Hilfe."

- „Danke, dass du dich darum gekümmert hast."

Wenn du deinen Fokus auf das Positive lenkst und ihm sagst, wer er ist, dann wird er der werden, den du in ihm siehst. Er wird denken: „Oh, sie hält mich für zuverlässig? Dann bin ich das wohl." Er könnte auch denken: „Aha, ich bin hilfreich für sie. Dann stimmt das wohl, wenn sie das so erlebt." Ich hoffe, liebe Frau, dir wird bewusst, wie viel Macht du hast. Nutze sie weise zum Wohle aller!

Zusammenfassung

In diesem Kapitel hast du gelernt, wie du durch positive Gedanken und Handlungen die Dynamik in deiner Beziehung verändern kannst. Deine Perspektive und dein Verhalten beeinflussen seine Selbstwahrnehmung, dein Verhalten und die Qualität eurer gemeinsamen Geschichte.

Weibliche

Kommunikation

Die wichtigsten Aspekte

Weibliche Kommunikation kommt aus dem offenen Herzen und erzeugt Nähe und Intimität. Trau dich!

Die Magie des Loslassens

Es ist Zeit, das Kriegsbeil zwischen den Geschlechtern zu begraben und mit dem Kämpfen aufzuhören. Du darfst lernen, deine Wünsche wahrzunehmen und zu äußern. Einerseits sind sie wichtig für dich, um dich mit

Energie aufzuladen, und andererseits helfen sie dir, auf eine magische Art und Weise, mit deinem Mann in Verbindung zu kommen. Das Loslassen ist dabei ein entscheidender Faktor dafür, dass die Magie gelingen kann. Dein Mann möchte dir deine Wünsche erfüllen – du musst ihn nur lassen. Es ist Teil seiner natürlichen männlichen Energie. Aber er will es aus freien Stücken tun und nicht, weil du es von ihm verlangst. Wenn er sich zu etwas gezwungen fühlt, um es dir recht zu machen, fühlt es sich schal an, und du bleibst unzufrieden. Ein Mann in geheilter männlicher Energie entscheidet selbst, was, wann und wie er etwas tut. Vertraue darauf, dass er dir nur Gutes will. Höre auf, das Ergebnis kontrollieren zu wollen. Lass Manipulation und Kontrolle los.

Deine Wünsche als Nordstern

Entspann dich. Du musst die Dinge nicht verkomplizieren oder lange darüber nachdenken, wie du etwas sagen sollst, um deinen Mann zu überzeugen. Es ist ganz einfach. Sag offen, was du dir für dich wünschst, welches Resultat du haben möchtest. Anstatt beispielsweise zu sagen „Hättest du nicht mal wieder Lust, in den Urlaub zu fahren? XY fahren jedes Jahr drei Mal!", sag direkt: „Ich würde total gern den Sommer am Meer verbringen." Oder statt „Ich finde, du solltest mir mal wieder Blumen mitbringen", sag lieber: „Hier würde ich gerne eine Vase voller Sonnenblumen stehen haben." Achte darauf, dass deine Wünsche keine versteckten Erwartungen oder Forderungen enthalten. Lass Vorwürfe und Erwartungen los, ebenso wie genaue Vorstellungen davon, wie er deine Wünsche erfüllen sollte. Lass all die kontrollierende Energie los. Lass los und lass dich überraschen.

Stell dir vor, dass jedes Mal, wenn du einen Wunsch äußerst, dein Mann direkt anfängt, darüber nachzudenken, wie und wann er ihn dir erfüllen kann. Das ist männliche Energie. Sie braucht die Freiheit, eigene Impulse zu entwickeln. Sie ist da, du musst sie nur zulassen und geschehen lassen, indem du im richtigen Moment sagst: „Ich wünsche mir ..." oder „Ich würde gerne ..." und dann loslässt. Jeder weitere Satz deinerseits kann die Magie zerstören.

Meckern verhindert Veränderung

Meckern erzeugt zwei Dinge: Erstens glaubt dein Mann, er kann dich nicht glücklich machen und fühlt sich als Versager. Zweitens zieht er sich zurück, mauert oder geht gar zum Gegenangriff über. Wenn du nicht glücklich bist, meckere und kritisiere ihn nicht, sondern nimm dir Zeit, um herauszufinden, was du wirklich willst und dir für dich wünschst – und das erfüllst du dir entweder selbst oder teilst ihm bei nächster Gelegenheit offen und ohne Anklage mit. Meckern verhindert Veränderung. Dein klar geäußerter Wunsch hingegen inspiriert ihn und aktiviert seine natürliche Lösungsfindung.

Den Teufelskreis durchbrechen

Oft verkleiden Frauen Kritik und Kontrolle als „Hilfe". Sie können nicht aushalten, dass Männer Dinge anders angehen als sie selbst. Es beginnt mit „Tipps", „Erklärungen" und „Erinnerungen" und endet mit offener Kritik, wenn er es nicht richtig – das heißt, auf ihre Art – macht.

Das Problem ist, dass das, was Frauen als „Hilfe" ansehen, Männer als Kritik wahrnehmen. Bei Kritik fühlen sich Männer schnell angegriffen und entmachtet. Sie empfinden unerbetene „Hilfe" als übergriffig und respektlos und ziehen sich dann zurück oder werden gar aggressiv, um sich selbst zu schützen. Viele Frauen fühlen sich dann wiederum verletzt, und so setzt sich der Teufelskreis fort.

Es geht nicht darum, irgendjemandem die Schuld zuzuschieben. Es geht um Bewusstseinsentwicklung und darum, die Wahrnehmung für die energetischen Realitäten zu schulen. Wenn beide Partner ihre natürlichen Energien verstehen, respektieren und leben, entsteht Anziehung und Verbundenheit und die Beziehung wird als erfüllend und energetisierend erlebt.

Die Magie der weiblichen Kommunikation

Die Magie der weiblichen Kommunikation besteht darin, deine Wünsche klar zu äußern, ohne zu kritisieren oder Forderungen zu stellen, und dann loszulassen. Sie bedeutet, dich verletzlich zu zeigen und aus dem Herzen heraus zu sprechen. Nur wenn du dich zeigst, kannst du gesehen werden. Weibliche Kommunikation ist respektvoll, wertschätzend und frei von Kritik. Sie aktiviert die Lösungsfindung und den Beschützerinstinkt im Mann. Sie ermöglicht dir, dich in deine weibliche Macht und Magie fallen zu lassen und die Geschenke des Männlichen genussvoll zu empfangen.

Die heilende Kraft
der Weiblichkeit
und die Magie
der Polarität

Liebe Leserin,

ich wünsche dir, dass du nun ein gutes Gefühl dafür bekommen hast, was die Macht der Weiblichkeit und die Magie der Polarität ist. Ich hoffe, du kannst nun spüren und umsetzen, wie du den Krieg zwischen euch beenden und Frieden und Verbundenheit herstellen kannst. Mit deiner Weiblichkeit und bedingungslosen Liebe kannst du euch ein Stückchen dem Himmel näher bringen. Das ist weibliche Macht und Magie. Du brauchst dafür nur loszugehen und all das loszulassen, was anstrengend für dich ist und was nicht du bist. Du kannst nun all die Schichten an Erziehung und Sozialisation von dir abfallen lassen, bis du nur noch eines bist: eine bedingungslos liebende Seele. Wenn dann Seele auf Seele trifft, findet Verschmelzung statt. Es lohnt sich allemal, dieser tiefen Sehnsucht in dir zu folgen und den Weg zu ihrer Erfüllung mit all seinen Stolpersteinen zu ehren und anzugehen. Ich denke, genau dafür sind wir hier auf der Erde und unsere Beziehung/Ehe bietet uns die beste Chance dazu, ein großes Stück auf diesem Weg zurückzulegen.

Lerne auch, die Sehnsucht nicht als Mangel zu interpretieren. Sie ist da und wird immer da sein. Verstehe sie als goldenen magnetischen Faden für dein Leben und übe dich in Dankbarkeit für das, was du hast und was du bewirken kannst. Ich finde es nach wie vor magisch, zu erleben, was für einen großen Einfluss meine innere

Ausrichtung und meine Worte sowohl auf das Nervensystem als auch auf die Gefühle und das Verhalten meines Mannes haben. Es ist manchmal kaum zu glauben. Um in deine weibliche Macht und Magie zu kommen, braucht es so wenig, nämlich nur diese sieben Geheimnisse, die du nun kennen und hoffentlich lieben gelernt hast. Alles, was du bis hierhin gelernt und vielleicht schon in deine Beziehung integriert hast, hilft dir dabei, dich in deine magische, heilsame Weiblichkeit fallen zu lassen und die Magie und Anziehung in eure Beziehung zurückzuholen.

Lass uns die sieben Geheimnisse noch einmal zusammenfassen:

1. Übe dich in bedingungsloser Liebe und stell ihn in eurem gemeinsamen Beziehungsraum an erste Stelle.

2. Mache dich selbst glücklich.

3. Drücke dich respektvoll und demütig mit weiblicher Kommunikation aus.

4. Gib Kontrolle und Führung ab.

5. Öffne dein Herz und werde verletzlich.

6. Empfange würdevoll Geschenke aller Art.

7. Halte einen positiven Fokus.

Das sind die sieben Geheimnisse, die dir ermöglichen, eine Traumbeziehung ohne Trauma zu kreieren. Es liegt in deiner Hand. Mit diesen sieben Geheimnissen hast du den Schlüssel zu Erfüllung, Ekstase und Verschmelzung in der Hand.

So geht es weiter

Du hast nun einen tiefen Einblick in die Geheimnisse von Traumpaaren ohne Trauma erhalten. Diese sieben Geheimnisse sind der Schlüssel zu einer erfüllten und liebevollen Partnerschaft. Doch dieses Buch ist nur der Anfang, denn es gibt ein Problem: Mit diesem Buch wurde hauptsächlich dein Kopf angesprochen, dieser beeinflusst dein Verhalten jedoch nur zu etwa fünf Prozent. Die restlichen 95 Prozent wirst du von deinem Unterbewusstsein und Nervensystem gesteuert. Um die Wurzeln deiner Herausforderungen zu finden und zu verändern, reichen Wissen, gute Vorsätze und Mindset-arbeit nicht aus. Sobald dein Nervensystem in den Kampf- oder Fluchtmodus umschaltet, hast du keine Chance mehr. Dann kommen die alten Überlebens- und Abwehrmechanismen hoch – ob du willst oder nicht.

Ich habe mich lange mit der Frage beschäftigt, wie man sein Verhalten nachhaltig verändern kann und habe einen tiefgehenden Weg gefunden: die somatisch-achtsame innere Arbeit. Sie ist deshalb so effektiv, weil sie dort ansetzt, wo die Entwicklungs- und Bindungstraumata gespeichert sind: im Körper. Mit meiner einzigartigen Methode der somatisch-achtsamen Transformation von Entwicklungstraumata lernst du Fähigkeiten wie Selbstregulation, überwindest die Abspaltung von dir selbst und verbindest dich wieder mit deinem Körper. Mit deinem Körper als Instrument und deiner geschulten Wahrnehmung deiner Gefühle, Gedanken und Körper-empfindungen spürst du die alten abgespaltenen und schmerzhaften Gefühle auf und fühlst sie endlich frei. So lösen sich der Druck und die Spannung in dir und du wirst immer freier und lebendiger. Du kommst in dir selbst an und findest inneren Frieden. Diese Verwand-lung von innen färbt auf das Außen ab und deine Probleme lösen sich nach und nach wie von selbst auf.

Dieses Buch gibt dir konkrete Werkzeuge für die so-fortige Umsetzung in die Hand. Damit diese Umsetzung auch anhalten kann braucht es die tiefe somatisch-achtsame innere Arbeit im Unterbewusstsein zur Transformation deiner Entwicklungs- und Bindungstraumata. Wenn du bereit bist, tiefer einzutauchen, lade ich dich ein, meine weiteren Angebote zu entdecken, die dich optimal dabei unterstützen.

Auf meiner Homepage www.ankakraetzig.de findest du alle Links, Infos und Kontaktmöglichkeiten.

Es gibt kostenlose Angebote wie meinen Podcast, „Der Entwicklungstrauma Podcast" auf Spotify und YouTube, meinen Blog, meine Facebookgruppe und die monatlich stattfindenden Masterclasses.

Dann gibt es kleinere **Workshops,** das große Gruppenprogramm „Traumpaar statt Trauma", aus dem heraus dieses Buch entstanden ist, und schließlich das Hauptangebot, meine ganz **persönliche Begleitung** über sechs oder zwölf Monate – jede Frau hat die Möglichkeit, mit mir ihre einzigartige Reise zu gestalten und zu erleben.

Abonniere meinen **Newsletter,** besuche meine Webseite www.ankakraetzig.de, schreibe mir unter nachricht@ankakraetzig.de oder vereinbare direkt ein **kostenloses Vorgespräch.** Werde Teil unserer wachsenden Gemeinschaft von Frauen, die ihr Leben, ihre Elternschaft und ihre Beziehungen transformieren.

Danke, dass du diesen Weg gehst. Möge deine Reise voller Magie, tiefer Erkenntnisse und Erfüllung sein.

Herzlichst

Anka Krätzig

Über die Autorin

Anka Krätzig (geb. 1981) ist studierte Anglistin und Waldorfpädagogin, fortgebildet in Life Coaching und somatischer emotionaler Integration von Entwicklungstraumata. Sie lebt mit ihrem Mann und ihren zwei Kindern im Südschwarzwald.

Mit ihrer tiefgreifenden Methode, der „somatisch-achtsamen Transformation von Entwicklungstraumata", hilft sie Frauen und Müttern dabei, ihre „Macken" zu überwinden, ihre Kinder bedürfnisorientiert zu begleiten und die Magie in ihre Ehe/Beziehung und Familie zurückzubringen.

Für die Teilnehmerinnen ihres einzigartigen Intensivworkshops „Traumpaar statt Trauma" wollte sie eigentlich nur eine kleine Zusammenfassung der wichtigsten Geheimnisse von Traumpaaren zusammenstellen. Aus der geplanten einen Seite wurde dieses Buch – die Geheimnisse wollen eindeutig in die Welt!

Bitte hilf dabei, die Magie in noch mehr Familien zu bringen, und lade Frauen in unsere wunderbare Community ein, indem du ihnen „Die sieben Geheimnissen von

Traumpaaren ohne Trauma" empfiehlst oder schenkst. Let's spread the joy!

Kontakt:

Anka Krätzig freut sich über eine E-Mail von dir! Lass sie wissen, wie dieses Buch deine Beziehung verändert hat. Hinterlasse ihr gern eine Rezension oder einen Kommentar auf ihren Social-Media-Kanälen. Gern kannst du ihr auch deine Fragen stellen unter:

nachricht@ankakraetzig.de

www.ankakraetzig.de